A Montanha no Oceano

COLEÇÃO Unipaz – COLÉGIO INTERNACIONAL DOS TERAPEUTAS
Coordenadores: Pierre Weil e Roberto Crema

Coleção Unipaz – CIT
1. Reunião dos textos, pesquisas e testemunhos úteis a uma compreensão superior e vasta do homem e do universo para sua saúde e seu bem-estar.
2. Esta coleção é transdisciplinar e faz apelo a escritores, pesquisadores, médicos, físicos e é inspirada pela antropologia não dualista, pela ética rigorosa e aberta, pela prática da meditação do Colégio Internacional dos Terapeutas, cujas raízes remontam ao 1º século de nossa era, através dos Terapeutas de Alexandria, dos quais Fílon nos traz o Espírito, a visão e os procedimentos, próximos das pesquisas contemporâneas "de ponta".
3. Assim, esta coleção é um local de diálogos, de encontros e de alianças frutuosas entre a tradição e a contemporaneidade.
4. Ela situa-se igualmente na linha de pesquisa da psicologia transpessoal e do paradigma holístico, da qual ela é uma das aplicações concretas no mundo dos Terapeutas e nos "cuidados" que todo homem deve ter em relação ao Ser, em todas as suas dimensões: incriada, cósmica, social, consciente e inconsciente.

Dados Internacionais de Catalogação na Publicação (CIP)
(Câmara Brasileira do Livro, SP, Brasil)

Leloup, Jean-Yves
A montanha no oceano : meditação e compaixão no budismo e no cristianismo / Jean-Yves Leloup ; tradução de Celso Márcio Teixeira. 2. ed. Petrópolis, RJ : Vozes, 2009.

Título original : La montagne dans l'océan

2ª reimpressão, 2021.

ISBN 978-85-326-2695-0

1. Compaixão (budismo) 2. Humanidade (moral) Aspectos religiosos – cristianismo 3. Meditação – cristianismo 4. Meditação – budismo I. Título.

02-0408   CDD-291.44

Índices para catálogo sistemático:
1. Budismo e cristianismo – vida religiosa : Religião comparada   291.44
2. Cristianismo e Budismo – vida religiosa : Religião comparada   291.44

JEAN-YVES LELOUP

A Montanha no Oceano

Meditação e compaixão no budismo e no cristianismo

Tradução de
Celso Márcio Teixeira

EDITORA VOZES

Petrópolis

© 2000 Éditions Albin Michel S.A.
22, rue Huyghens, 75014 Paris

Tradução realizada a partir do original em francês intitulado
La montagne dans l'océan

Direitos de publicação em língua portuguesa:
Editora Vozes Ltda.
Rua Frei Luís, 100
25689-900 Petrópolis, RJ
www.vozes.com.br
Brasil

Todos os direitos reservados. Nenhuma parte desta obra poderá ser reproduzida
ou transmitida por qualquer forma e/ou quaisquer meios (eletrônico ou
mecânico, incluindo fotocópia e gravação) ou arquivada em qualquer sistema
ou banco de dados sem permissão escrita da editora.

CONSELHO EDITORIAL

Diretor
Gilberto Gonçalves Garcia

Editores
Aline dos Santos Carneiro
Edrian Josué Pasini
Marilac Loraine Oleniki
Welder Lancieri Marchini

Conselheiros
Francisco Morás
Ludovico Garmus
Teobaldo Heidemann
Volney J. Berkenbrock

Editoração e org. literária: Maria da Conceição B. de Sousa
Diagramação: Sheilandre Desenv. Gráfico
Revisão gráfica: Jaqueline Moreira
Capa: Ygor Moretti

ISBN 978-85-326-2695-0 (Brasil)
ISBN 978-222-617-906-7 (Paris)

Editado conforme o novo acordo ortográfico.

Este livro foi composto e impresso pela Editora Vozes Ltda.

Ao Padre Serafim,
montanha do Athos.
Ao Dalai-Lama,
oceano de compaixão.

Sumário

Introdução, 9

I – A VIA DA MEDITAÇÃO, 17
   1 Zen e hesicasmo, 19
   2 A transmissão, 21
   3 Prática da meditação hesicasta, 30

II – A VIA DA COMPAIXÃO, 47
   1 O que é um *bodhisattva?*, 51
   2 *Dhammapada* e Evangelho, 53
   3 O voto de compaixão, 55
   4 A prática da compaixão, 57
   5 As impurezas do espírito, 62
   6 As cinco motivações, 71
   7 As quatro considerações, 76
   8 Três atitudes: o rei, o barqueiro, o pastor, 92
   9 As seis perfeições ou seis paramitas, 96
   10 O dom, 106
   11 A disciplina, 115
   12 Três atos negativos do corpo, 116
   13 Três atos positivos do corpo, 121
   14 Quatro atos negativos da palavra, 129
   15 Quatro atos positivos da palavra, 134
   16 Três atos negativos do espírito, 139
   17 Três atos positivos do espírito, 142
   18 A paciência, 148
   19 A energia, 150
   20 A meditação, 152
   21 A sabedoria, 168

Entre nós: nada..., 181

Introdução

Há perguntas cujas respostas não se encontram na leitura de livros ou na escuta de conferências, a menos que estes não nos convidem a práticas ou exercícios que "esgotem" a pergunta e deixem "jorrar" a resposta no segredo mesmo de nosso ser e de nosso respiro... Mais precioso ainda é o encontro de pessoas que, por todos os tipos de "meios hábeis", colocam em questão nossas mais sábias respostas e nos introduzem num caminho onde será necessário verificar, dia após dia, instante após instante, que o Real está bem aí e que nosso grande mal e nosso duro sofrimento é o de estar sempre em outro lugar.

Depois de mil e um impasses e erros, tive a oportunidade de encontrar tais pessoas e seus ensinamentos. Escrevi a narração desses encontros em *L'absurde et la grâce* (O absurdo e a graça). A pergunta que se me coloca hoje é a seguinte: quais são, no mundo contemporâneo, as práticas que poderiam ser as mais essenciais, as mais capazes de dar-lhe sentido? Respondo sem hesitar: o exercício conjunto da meditação e da compaixão, podendo a meditação sem a compaixão tornar-se uma forma de auto-hipnose, de fuga do mundo ou de "narcisismo sutil", e a compaixão sem a meditação, um ativismo cheio de boa vontade, mas sem discernimento e sem profundidade.

Quando digo isso, sou levado, muitas vezes, a observar que a meditação é a "atividade" privilegiada dos budistas, e a compaixão é a dos cristãos – como se o silêncio e o amor fossem respectivamente a "propriedade" de um e do outro! O exercício conjunto da meditação e da compaixão seria então "a prática conjunta do budismo e do cristianismo", uma espécie de sincretismo!

Conquanto seja um dos primeiros frutos de uma prática regular da meditação e da compaixão o de nos livrar da preocupação do olhar e dos julgamentos mais ou menos redutores que alguém possa colocar sobre nós, é necessário, pelo contrário, lembrar, na presente obra, que o cristianismo é uma tradição de meditação e que o budismo é uma prática imemorável de compaixão...

Agradeço ao Philosophy Religion International Network por ter tido o trabalho de decifrar os cassetes de algumas de minhas conferências sobre este tema, a saber, a que foi apresentada no Dojo zen de Paris para a meditação, e as proferidas no Convento Franciscano do Chant d'Oiseau, em Bruxelas. Desta maneira, eu falo do cristianismo dentro de um contexto budista e do budismo dentro de um contexto cristão, baseando-me cada vez nos ensinamentos e nas práticas daqueles que me guiaram nestes caminhos. É o momento de exprimir-lhes de novo minha gratidão e meu reconhecimento, pois a gente não pode transmitir aquilo que não recebeu... sabendo também que aquilo que a gente recebe não alcança a medida de tudo o que nos foi dado...

Os que fizeram a transcrição, conservaram voluntariamente o estilo familiar do coloquial, sem tornar o texto pesado com referências escriturísticas que se imporiam em outro gênero de obra. A finalidade é a de convidar a uma vida mais silenciosa e mais amorosa habitada por esta sabedoria e por esta compaixão que não são atributos de uma religião particular, mas que constituem o "fundo comum" de todo homem, sejam quais forem suas dúvidas e crenças.

É dentro deste espírito que estou igualmente feliz de participar dos colóquios e peregrinações da OTU (Organização das Tradições

Unidas[1]), tanto no deserto, em Both-Gayâ (Índia), quanto às margens do Lago de Tiberíades. Como lembra o Arcebispo Anastácio, primaz da Igreja ortodoxa da Albânia: "Mais tempo e mais meios devem ser dedicados para o encontro real, espontâneo, para a Amizade [...]. As inter-relações pessoais que facilitam a compreensão de nossa humanidade comum permitem que o diálogo vá mais longe, caminhe mais facilmente".

O Dalai-Lama declara igualmente: "Por minha própria experiência, aprendi que o método mais eficaz para superar os conflitos é o contato estreito e o intercâmbio entre os que têm crenças diferentes, não somente em um nível intelectual, mas também através de experiências espirituais profundas. Aí está um método poderoso para desenvolver a compreensão e o respeito mútuo. É no curso de um intercâmbio que se pode estabelecer uma base sólida para construir uma verdadeira harmonia".

Para ser honesto, antes de celebrar a compreensão de nossos sábios, é necessário relembrar algumas das querelas dos nossos escribas. A história das relações do cristianismo e do budismo não deixa de ser interessante: mesmo numa época recente, verificam-se ainda os mais sectários anátemas e os mais complacentes sincretismos.

Em 1735, J.B. du Halde, em sua *Description de la Chine* (Descrição da China), fala do budismo como de uma "religião monstruosa", de uma "seita abominável". P. Parennin, em sua carta a M. de Mairan, arremata: "É uma peste, uma gangrena. Os filósofos chineses tinham razão de combatê-la não somente como uma doutrina ridícula, mas também como um monstro dentro da moral e como inversão da sociedade civil[2]".

---

1. OTU, lugarejo de Saint Hugon, 73110 Arvillard. Videocassette: Sous l'arbre de la Bodhi, segunda peregrinação Intertradições.

2. HALDE, J.B.; GRASSET, J.; PARENNIN, P.; CHARLEVOIX, P. & LE GOBIEN, C. Apud DE LUBAC, H. *La rencontre du bouddhisme et de l'Occident.* Aubier, 1952.

Àqueles que afirmavam que tudo o que há de valioso na doutrina de Buda foi tomado emprestado da Lei de Moisés, responde-se por afirmações também totalmente peremptórias, que são os judeus e os cristãos que plagiaram os escritos do budismo.

Para o autor anônimo de uma obra surgida em 1881 sob o título significativo *Jesus-Buda*, não somente os essênios, mas todos os profetas de Israel são "manifestamente" budistas: as escolas dos profetas eram conventos budistas, o budismo de Esdras estava modificado, mas os essênios logo restabeleceram a pura doutrina na qual eles educaram Jesus em seu convento da quarentena. Compreende-se que Jesus se tenha confrontado com os fariseus, "produto bastardo da antiga Lei de Moisés e da nova Lei de Buda". Após ter pregado aí, Jesus, graças a seus discípulos, tornou-se Buda depois de sua morte ou, se se prefere, para os ocidentais Buda se tornou Jesus...

O que estes diferentes autores têm em comum é um poder de afirmação proporcional à ausência de fundamentos para aquilo que eles afirmam. Neste tom polêmico ou "recuperador", alguns preferirão um sincretismo em que não falta boa vontade, mas que também permanece totalmente caricatural. No livro *La voie parfaite* (A via perfeita), surgida sem nome do autor em 1882, pode-se ler:

> Buda e Jesus são necessários um ao outro; e dentro do conjunto do sistema tão completo, Buda é a mente, Jesus é o coração; Buda é o geral, Jesus é o particular; Buda é o irmão do universo, Jesus é o irmão dos homens; Buda é a filosofia, Jesus é a religião; Buda é a circunferência, Jesus é o centro; Buda é o sistema, Jesus é o ponto de irradiação; Buda é a manifestação, Jesus é o espírito. Em uma palavra, Buda é homem ou a inteligência, Jesus é a mulher ou a intuição [...]. Ninguém pode ser propriamente cristão, se não for também e primeiramente budista. Desta maneira, as duas religiões constituem respectivamente o exterior

e o interior do mesmo Evangelho, sendo a fundação o budismo (este termo segundo a compreensão do pitagorismo), e sendo a iluminação o cristianismo. E da mesma forma que o budismo é incompleto sem o cristianismo, na mesma medida é o cristianismo incompreensível sem o budismo[3].

Poder-se-ia crer que o século XX, que conhece melhor os textos fundacionais destas duas civilizações, estaria menos inclinado a emitir julgamentos definitivos sobre o "outro". Não é ainda o caso de Paul Claudel:

> Para o ser a quem Deus se manifestou e a quem Deus se ofereceu, isto só pode ser uma grande verdade: ceder à tentação do budismo seria escolher o silêncio da criatura entrincheirada dentro de sua recusa integral, dentro da quietude incestuosa da alma sentada sobre sua diferença essencial. O homem carrega em si o horror daquilo que não é o Absoluto, ele aspira a romper o círculo horrível do vazio. Mas, se ele crê chegar a isso, seguindo aquele que, sem dúvida, é o mais profundo entre os espirituais entregues às suas próprias luzes, e renegando a fé que ele tinha recebido do alto, então, na verdade, ele somente consegue "realizar com perfeição a blasfêmia pagã", e esta apostasia é, ao mesmo tempo, regressão mental[4].

Citamos enfim dois célebres teólogos do século XX, primeiramente Henri de Lubac: "As religiões e as sabedorias humanas não são como várias veredas que escalam, por vertentes diversas, as inclinações de uma única montanha. Antes, poderiam ser comparadas, em seus respectivos ideais, a vários picos distintos, separados por abismos – e o peregrino que se extraviou fora da única direção,

---

3. *The Perfect Way* [trad. francesa, p. 248-249. Apud GUÉNON, R. *Le Théosophisme*, p. 178].

4. CLAUDEL, P. *Conaissance de l'Est* (1907). Apud [e aprovado] DE LUBAC. *La rencontre du bouddhisme et de l'Occident*. Op. cit., p. 28.

sobre o pico mais alto corre o risco de se achar, de todos, o mais distanciado do objetivo. Enfim, é entre os cimos altos que se produz o relâmpago dos grandes conflitos"[5].

E Romano Guardini: "Buda constitui um grande mistério. Ele vive numa liberdade assustadora, quase sobre-humana, apesar de ser, ao mesmo tempo, de uma bondade poderosa como uma força cósmica. Talvez Buda seja o último gênio religioso com o qual o cristianismo terá que se explicar. Ninguém ainda conseguiu resgatar sua significação cristã. Talvez o Cristo não tenha tido somente um precursor no Antigo Testamento, João, o último dos profetas, mas um outro no coração da civilização antiga, Sócrates, e um terceiro que disse a última palavra da filosofia e do ascetismo religioso orientais, Buda"[6].

Era conveniente citar estes teólogos. Eles exprimem bastante bem o que pensam ainda hoje muitos católicos, protestantes e ortodoxos. No entanto, não se pode negar uma mudança de atitude por parte de um certo número de cristãos que não se contentam com "ler livros sobre [...]", mas que ousam engajar-se na "prática" do outro. Seu julgamento se encontra mudado, como que esclarecido a partir de dentro. É a esta categoria de cristãos que nós queremos recordar: Enomiya Lassalle, A.M. Besnard, Kakichi Kadawaki, Pierre-François de Béthune; poder-se-iam ainda citar Tomas Merton, R. Pannikar, K. Dürkheim, W. Johnston e alguns outros.

Daí para frente trata-se talvez menos de afixar suas etiquetas, budista ou cristã, do que de penetrar mais dentro da pergunta: O que é o homem? O que é esta profundidade nomeada sob diversos nomes, profundidade da qual importa, antes de tudo, fazer a experiência e voltar dela transformado, libertado de sonhos e de ilusão, mais presente àquilo "que é?"

---

5. LUBAC, H., op. cit., p. 281.

6. GUARDINI, R. *Le Seigneur*. Vol. I, p. 346 [trad. francesa de Pierre Lorson].

No final de uma sessão zen, um amigo budista acabou de me explicar que o não apego, a não realidade do sujeito (*anatta*), a vacuidade ou vazio (*sunyata*) e a atenção ao instante "sem objetivo nem proveito" eram para ele o essencial daquilo que a postura e a meditação zen lhe haviam ensinado. Ele me apresentou quatro perguntas:

• Pode um cristão estar sem apego, sem desejo, sem dependência, mesmo em relação a Deus e a Cristo?

• Pode um cristão aceitar a não realidade do sujeito?

• Pode um cristão fazer sua a experiência da realidade última como vacuidade?

• Pode um cristão viver na descontinuidade, instante após instante, sem memória, sem projeto?

À maneira de resposta, convidei meu amigo a vir praticar uma semana de meditação hesicasta em um mosteiro ortodoxo, depois de lhe ter explicado que a liberdade interior, o dom de si mesmo (ou a renúncia a si mesmo), o senso do mistério, o "não preocupar-se com o dia de amanhã", o "não voltar atrás" eram para mim elementos importantes ensinados pela prática da meditação hesicasta. E eu lhe apresentei quatro perguntas:

• Pode um budista estar livre de todos os apegos, sem desejo, mesmo em relação ao *Dharma* e ao Buda?

• Pode um budista aceitar a realidade relativa do sujeito humano e renunciar àquilo que ele crê ser um "ele"[7] ou um "não ele?"

• Pode um budista fazer sua a experiência da realidade última como plenitude (*pleroma*) ou como Mistério (trevas superluminosas, diria o teólogo Dionísio)?

---

7. O autor emprega os pronomes substantivados "le moi" = "o eu" (para indicar a identidade do sujeito), "le toi" = "o tu" (para indicar a alteridade em sua relação ou reciprocidade diante do "eu") e "le soi" (para indicar a alteridade em si, que transcende o "eu" e o "tu"). Dentro da lógica gramatical e do pensamento do autor, preferimos traduzir "le soi" por "o ele" [N.T.].

• Pode um budista viver o instante dentro da história, sem negar, por isso, a sua abertura ao Eterno (que é um não tempo)?

Não convém responder a uma pergunta primeiramente por meio de outra pergunta? Não é assim que cada um estimula o outro a cavar seu próprio poço? Não é assim que juntos e à distância nós nos aproximamos da Fonte?

1

A VIA DA MEDITAÇÃO

1
Zen e hesicasmo

Esta conferência se situa em um *dojo zen*, um lugar onde homens e mulheres se reúnem para praticar a meditação. A disposição é simples, não é austera. Nós estamos bem sentados em meditação, os rostos são bastante graves, mas distendidos...

Foi-me pedido que falasse sobre uma prática de meditação no cristianismo, a prática do hesicasmo, sobre sua origem e sobre como essa prática se transmitiu desde os primeiros séculos de nossa era até os dias de hoje; foi-me pedido que falasse em que consiste esta prática, se ela tem um fim e quais são seus frutos.

Não fui convidado apenas para proferir uma simples conferência, mas para partilhar minha experiência e dar um testemunho sobre a tradição dentro da qual se inscreve essa experiência. Não estamos aqui para comparar o budismo e o cristianismo, a vida, a filosofia da sabedoria de Siddhârta Gautama Sâkyamuni Buda e a de Yeshua ben Yosseph de Nazareth, chamado Cristo... nem tampouco para comparar nossos métodos de meditação e dissertar sobre suas vantagens e seus inconvenientes segundo os nossos respectivos pontos de vista.

Nós estamos aqui para meditarmos juntos, isto é, para nos sentarmos, respirarmos profundamente e, se possível, para nos calarmos, tanto para dentro como para fora. Se o espírito que habita em nós não for um espírito mau, poderemos, dentro de algumas horas, achar-nos melhores, um não sei quê de benevolente se encarnará no mundo, e nós poderemos retornar ao mundo não somente no desejo do bem-estar de todos, mas encarnando alguma coisa desse bem-estar.

Meditação e compaixão, evidentemente, não estão separadas. Aquilo que vocês chamam de ideal de *bodhisattva* é o ideal de todo cristão. Antes de falar de ideal, falamos da realização à qual todo homem é chamado – a atualização de seu ser verdadeiro –, porque o importante é que, pela compreensão e pela prática, nos tornemos não somente melhores cristãos, mas autênticos seres humanos. Há poucos seres humanos sobre a terra, muitos animais vorazes e, às vezes, muito inteligentes; mas a humanidade é rara, muito rara, para ousarmos dizer que hoje vivemos num mundo humano.

Se eu estou aqui com vocês, não é para que vocês se tornem cristãos, não é para que eu me torne budista, mas para que juntos nos tornemos mais humanos, mais despertados e amáveis. A teoria não está aí senão para esclarecer e estimular nossa prática, para colocá-la dentro das tradições que nos são caras e instaurar entre nós um diálogo e ressonâncias que fecundem o nosso devir e o do mundo no qual vivemos.

2
A transmissão

Tanto no cristianismo quanto no budismo ou no sufismo[1], o objetivo da meditação é chegar à pureza de coração e de espírito, que fazem de todo homem o receptáculo ou o espelho sem mancha da pura luz.

A acolhida desta luz, a irradiação e presença do Ser incriado introduzem o homem num estado de paz que não depende de circunstâncias (santidade, humores, ambiente etc.), quer dizer, um estado de paz não psíquico, mas espiritual, ontológico. É a experiência desta Realidade que os cristãos chamam de *hésycha*, que ocasionará o surgimento do *hesicasmo*. Busca e acolhimento de um silêncio e de uma paz que não são deste mundo e que, no entanto, podem ser não somente pressentidos, mas vividos neste espaço-tempo.

Esta experiência é o fruto de uma transmissão oral, de coração a coração, de ser a ser, donde a importância, tanto no cristianismo quanto no budismo e no sufismo, pertença a uma autêntica linhagem que nos transmite sem corrupção a justa *práxis* ou prática e a autêntica *gnosis* ou contemplação.

No cristianismo, pode-se distinguir duas linhagens:

---

1. Corrente mística do Islã, surgida no século VIII; oposto ao legalismo, o sufismo coloca o acento na religião interior. Seus principais representantes são al-Hallãdj (858-922) e al-Ghazãli (1058-1111) [N.T.].

• A linhagem histórica, que remonta aos apóstolos fundadores de igrejas e de comunidades: Tiago está na origem da Igreja de Jerusalém, João na origem da de Éfeso, Tomé na origem da comunidade da Índia etc., sem esquecer Pedro e Paulo, fundadores das Igrejas de Antioquia e depois da de Roma.

• Ao lado desta linhagem importante para as Igrejas institucionais, que então poderão reportar-se àquilo que se chama de "sucessão apostólica", garantia de sua autenticidade e de sua perenidade, existe uma outra linhagem mais discreta, menos encarregada de definir os dogmas e as regras do bem-viver das comunidades do que de estar atento à possibilidade e à prática de uma forma de oração ou de meditação que poderia manter, em cada ser humano, a qualidade de relação e de intimidade que o próprio Cristo vivia com aquele que Ele chamava de seu Pai: a Fonte, a Origem incriada de tudo o que vive, de todo aquele que pensa, ama e respira.

Da mesma maneira que no zen alguém faz seus votos monásticos sobre a genealogia dos mestres que nos transmitiram a prática, no hesicasmo faz-se a memória dos "Santos Padres", pelos quais nos veio o ensinamento verdadeiro que cada um terá que descobrir, viver e encarnar.

2.1 A Samaritana

Quando os discípulos pedem a Jesus: "Mestre, ensina-nos a rezar", Jesus lhes transmite a essência da oração judaica, o *Pai-nosso*. Tendo sido cada um dos versículos desta oração tomado emprestado da tradição, ela sintetiza bem os pedidos e esperas do povo de Israel e de todos os sábios e profetas que precederam a Jesus. É uma oração "de homens", que pode ser recitada tanto na sinagoga, quanto nas assembleias, uma oração que se reza em alta voz e em público.

Ela pode, entretanto, ser rezada "no segredo", estando fechadas as portas do quarto, "porque o Pai que está no segredo sabe de que vós precisais". Na tradição zen, esta oração poderia corresponder à leitura ou à salmodia das *sûtras* antes de entrar na meditação silenciosa.

O Pai-nosso tornar-se-á a oração oficial do cristianismo, a oração própria de Jesus; revelando-nos seu desejo, aquilo que é bom e justo de pedir, ela nos foi transmitida depois dos tempos apostólicos através da liturgia.

Ao lado desta oração rabínica, transmitida essencialmente aos homens, existe uma outra, transmitida, desta vez, a uma mulher, a uma Samaritana, isto é, a uma mulher considerada como herética pela religião e pelo povo ao qual Jesus pertence. Quando ela lhe pergunta: "Onde se deve adorar, sobre o monte ou em Jerusalém?", Jesus responde: "Nem sobre este monte nem em Jerusalém; os verdadeiros adoradores devem adorar em Espírito e em verdade".

A tradução literária do grego *en pneumati kai aletheia* deveria precisar mais: "é no sopro (*en pneumati*, de *pneuma*, o sopro, *rouah*, em hebraico) e na vigilância (*a-letheia*, saído da *lethè* – do sono –, letargia) que eles devem rezar". Poder-se-ia ainda traduzir: "[...] é com um sopro vigilante que se deve rezar".

Aletheia, que se traduz por verdade, pode mais exatamente traduzir-se pelo substantivo "o despertar". Jesus nunca disse: "eu tenho a verdade", mas "eu sou a verdade"; literalmente: eu estou despertado (*ego eimi aletheia*). Isto, sem dúvida, evoca a vocês a etimologia da palavra "Buda" (de *bodhi*: aquele cuja *bodhi*, cuja inteligência, foi despertada – Buda jamais disse "eu tenho o despertar", mas "eu estou despertado"). De novo, é necessário lembrar: o despertar não é propriedade dos budistas, como também a verdade não é propriedade dos cristãos. Buda e Cristo não pertencem unicamente às comunidades que reclamam seus nomes e suas experiências, mas a todos os homens de boa vontade, atentos ao segredo que habita as profundezas de seu sopro e de sua consciência.

Yeshua (Jesus), fazendo a Samaritana lembrar-se de que a oração não é dependente de um lugar considerado sagrado (Jerusalém ou a Montanha da Samaria), a conduz ao seu próprio coração, lá onde está o "Eu sou". Antes de ser uma ontologia, o cristianismo é uma "odologia" (de *odos*, o caminho), um caminho que não conduz somente ao exterior dos ritos ou dos atos de justiça, mas também ao interior, "lá onde jorram rios de água viva", lá onde os fluxos e refluxos da vida e do sopro nos sustentam e nos carregam.

Se dissermos que a prática proposta por Yeshua se dirige a uma mulher, seria mais justo dizer que ela se dirige ao "feminino", à dimensão contemplativa que habita todo ser humano, homem ou mulher; é a esta dimensão de nós mesmos, a mais íntima, que se dirige este convite a rezar "no sopro e na vigilância", já que com o *Pai-nosso* Jesus se dirigiu à dimensão mais masculina do ser humano, dimensão pública e ativa.

Então se compreende melhor que Clemente de Alexandria e São João Cassiano tivessem feito alusão a esta prática de uma tradição secreta; não se trata absolutamente de um esoterismo no sentido ordinário do termo, mas de um despertar do homem interior (*eso anthropon*) de que falarão São Paulo, os Padres do Deserto e, mais tarde, Mestre Eckhart. Poder-se-ia dizer que esta prática é simples, natural: pela atenção ao Sopro e por uma vigilância pronta, o homem pode ser conduzido à Presença que o faz ser e amar, à imagem de Deus nele, o Cristo "mais interior a mim do que eu mesmo".

Esta prática será desenvolvida em seguida; procuraremos precisar a postura, introduzir a invocação do Nome no ritmo mesmo da respiração, mas o essencial já é transmitido por Jesus à Samaritana, "de meu coração ao teu coração", *I shin den shin*, como se diz na tradição zen...

A Samaritana transmitirá sua experiência a São João, o único que relata este episódio em seu Evangelho; São João a transmitirá a São Marcos, primeiro "papa" do Egito (cujo sucessor é atualmente Shenuda II, patriarca dos coptas do Cairo e de Alexandria); São Marcos transmitirá esta tradição a todos os anciãos do Egito, cujos nomes nos são conhecidos a partir de Antão e de Paulo; estes eremitas e anacoretas a transmitirão aos outros monges de diferentes nações... Desde então, esta prática se tornará um "método", o hesicasmo, que florescerá no Monte Athos, este alto lugar da espiritualidade ortodoxa.

Aquele que me transmitiu este método no Monte Athos se chamava Serafim. Ele gritava muito, era o que, na tradição russa, se chama de um "bobo em Cristo". Ele vivia perto do mosteiro de São Panteleimon e tinha sido discípulo do santo *staretz* Siluano, que o Padre Sofrônio tornou conhecido no Ocidente. Por ocasião de um período de permanência em seu mosteiro perto de Londres, onde se praticava a oração do coração, ele me dizia a importância da palavra de Cristo ao *staretz*: "Guarda teu espírito no inferno, mas não te desesperes".

"É necessário não temer as profundezas da sombra – dizia ele – seja nossa sombra pessoal, coletiva ou mesmo cósmica, mas também não é necessário descer lá sozinho. Deixa-te acompanhar pelo Cristo e por seu Espírito: ele é a luz que as trevas não podem atingir ou apagar, questão que está no prólogo de São João. Cada um de nós carrega em sua noite um bocado de luz [ele fazia alusão a Judas que, segundo o Evangelho, se retira na noite após ter recebido um bocado de pão das mãos de Cristo], e é esta centelha que não pode enfraquecer, é sobre ela que é necessário apoiar-se para não se desesperar de si mesmo e do mundo, 'estar sem apoio e, no entanto, apoiado'".

São Siluano falava como Teresa de Lisieux que, também ela, tinha escolhido "permanecer à mesa dos pecadores", isto é, no inferno, este lugar de nós mesmos onde perdemos o contato com a Fonte divina... "Por que me abandonaste?", perguntava o Cristo à Fonte de seu Ser que ele chamava de "seu Pai e nosso Pai". Ora, a Fonte não nos abandona nunca, somos nós que perdemos a sensação de sua presença, esta sensação ou este sentimento de sua presença que na teologia cristã se chama Espírito Santo, ligação e relação vividas pelo Filho com o Pai.

Trata-se de renunciar à "sensação" desta Realidade, não à Realidade ela mesma; o Espírito Santo, então, age no segredo, segredo não somente para os outros, mas igualmente para si mesmo, e isto, às vezes, após ter degustado consolações inexprimíveis, uma solidão, um abandono que ninguém pode imaginar. "Onde estás, minha luz? Senhor, envia teu Espírito!", pedia sem cessar o *staretz* Siluano.

De uma certa maneira, o Padre Serafim tinha, também ele, renunciado à sensação do Espírito Santo. Ele tinha renunciado, sobretudo, à sua própria reputação. No Monte Athos, ele passava por um louco, um giróvago, um monge da pior espécie, incapaz de fixar-se num determinado lugar ou de submeter-se a uma regra. Em seus últimos anos, ele conseguiu mais ainda: tornar-se esquecido... É muito difícil hoje encontrar no Monte Athos alguém que se lembre dele. No entanto, há algumas fotos, uma das quais descoberta num álbum na Itália: um rosto radiante de luz, de simplicidade e de bondade, cuja santidade era tão evidente que, para afastar dele todo discípulo ou peregrino pronto a venerá-lo, ele gritava ou latia com veemência.

Era esta a sua maneira de preservar um espaço que ele queria que fosse solitário, dedicado à oração perpétua e à intercessão por todos os homens. Passar por um idiota, por um louco, "vergonha da montanha santa", era para ele a maior vitória, porque, dizia-me ele: "Se os homens soubessem qual é a minha alegria e qual é o meu sofrimento diante deste insuportável paradoxo da cruz e da ressurreição, eles fugiriam todos do cristianismo. Deus não me pediu para ser edificante ou para ensinar a boa doutrina, ele me pediu para oferecer-lhe minha respiração, meus pensamentos, meu sangue [...]. Os homens não têm necessidade de saber que eu os amo, o importante é que eu verdadeiramente dou a minha vida por eles".

Para poderem aproximar-se dele, aqueles que não estavam assustados pelos julgamentos *a priori* que se faziam sobre ele, deviam submeter-se a um certo número de provas. Não me demorarei naquelas que foram as minhas provas, eu disse algumas palavras a esmo; digamos simplesmente que minhas pretensões à espiritualidade receberam um golpe, porque o Padre Serafim tinha um santo horror de todos aqueles que pretendiam fazer carreira neste domínio.

– Quem somos nós para julgar os outros, para instruí-los?

– Mas então – perguntei eu – como transmitir a tradição?

– São duas sedes que se encontram – dizia-me ele – e que andam juntas em direção à Fonte. A ninguém chameis de Pai, a ninguém chameis de Mestre, um só é o Pai, um só é o Mestre: a Realidade, e não há outra realidade além da Realidade; nós rezamos para não esquecer "o que é", "Aquele que é". Não inventamos nada, não buscamos os estados psíquicos extraordinários. "O que é, é", aí está nossa felicidade, agradável ou dolorosa, pouco importa. Em Deus, não há mais "isso me agrada" ou "isso não me agrada", "é isso", e é tudo. Se o todo te interessa, tudo já está aí, por que procurá-lo? Há porventura um só lugar onde a Realidade não está?

Estas palavras eu já havia entendido com os sábios da Índia, com os sufistas, com os lamas, com os roshis e com outros sábios do Oriente que eu tinha encontrado, eu as lera também nos grandes textos dos místicos do Ocidente. Minhas leituras, minhas viagens e até esta morte clínica em Istambul, que foi considerada ter-me iniciado naquele "que não morre nunca", faziam o Padre Serafim rir docemente e gritar: "Ah! *Monsieur* leu, *Monsieur* viajou, e *Monsieur* não sabe quem é Deus! Ele nunca se banhou no Espírito Santo, ele nunca derramou lágrimas pelo mundo inteiro!

Monsieur só encontrou ideias e ídolos de Deus. A Realidade, quem sabe dela?"

A armadilha, de fato, quando se fala de Realidade última, de *satori*, de *nirvana*, de beatitude celeste, é que, mesmo quando temos noções da coisa e algumas pequenas experiências, nós não temos realizado "o que é", não somos reais, e nossa vida vale o que valem nossos mais difíceis ou nossos mais belos sonhos.

A única questão, para mim, daqui para frente era: "Como?" Como realizar isto? Como fazer com que o Cristo não seja um ídolo para mim, um belo rosto que, sem dúvida, me ilumina a partir de fora, mas não me clareia a partir de dentro?

Após ter-me tratado muitas vezes grosseiramente, o Padre Serafim aceitou que eu o seguisse em suas andanças ao redor da santa montanha... de longe, com as mais longas demoras em São Panteleimon ou na *skite* Santa Ana. "Quem sou eu para te ensinar? Não o sabes? Eu sou um cão, eu ladro, eu sou mordido e eu mordo, um cão louco que perdeu seu dono e sua razão, que uiva sob a lua para não mais entender o barulho de seus pensamentos [...]. E tu, quem és tu para pretender rezar? Antes de falar de oração do coração, aprende primeiramente a meditar como uma montanha". E ele me mostrou um enorme rochedo[2]: "Pergunta-lhe como ele faz para rezar. Tu voltarás a ver-me, quando souberes rezar tão dura e profundamente como a terra e todas as suas rochas".

Desta maneira, começavam para mim a iniciação ao hesicasmo e a transmissão do Espírito no qual ele deve ser praticado.

Se se quiser resumir em algumas etapas o que é esta prática, seria necessário:

1) Insistir na postura: *meditar é estar em boa postura*.

2) Insistir na nossa orientação externa e interna, a coluna vertebral, sua retidão: *meditar é estar bem orientado*.

---

2. Cf. LELOUP, J.-Y. *Écrits sur l'hésychasme*. Albin Michel.

3) Insistir na respiração, ir bem ao fundo da *expiração* e deixar vir a *inspiração*: *meditar é respirar profundamente, "en pneumati"*.

4) Insistir na invocação, o Nome de Yeshua ou uma invocação curta que acalme a mente e reúna nossos pensamentos dispersos: *a meditação é a invocação do Nome que traz a paz*.

5) Descobrir nosso "centro". Na tradição judeu-cristã, é o coração o lugar do encontro do mental (que é necessário fazer descer) e do vital (que se trata de elevar); uma vida que não tem sentido é uma vida que não tem centro. Ver e fazer todas as coisas a partir do coração: *meditar é estar centrado*.

6) Não ter medo do silêncio e da solidão, não para permanecer separado dos outros, mas para alcançá-los de novo a partir do interior pelo fio que religa tudo o que existe (o *logos*) e comunicar-lhes a paz (*hésycha*): *meditar é ser capaz de silêncio e de solidão*.

7) Insistir na paciência e na repetição... Antes de tornar-se simples e naturalmente aberta à graça do Espírito Santo, a meditação é uma prática que exige uma forte motivação, uma grande paciência e muita perseverança: *meditar é ser paciente e perseverante*.

8) Os frutos da meditação não devem ser buscados em vista deles mesmos. Além dos efeitos psíquicos devidos a uma prática assídua (calor, luz, lágrimas, excesso de alegria e de dor), os efeitos espirituais são mais importantes: experiência da transfiguração, compreensão do sentido das Escrituras, *hésycha*, paz e plenitude não dependentes de circunstâncias, humildade e amor aos inimigos. Esta humildade e este amor aos inimigos realizam em nós a "filiação". No Espírito que une o Pai e o Filho, nós nos tornamos *alter christus*, um outro Cristo (como dizia São Gregório a propósito dos batizados); nós somos "uma encarnação dele a mais", nós temos em nós os sentimentos que estavam em Cristo Jesus, nós participamos, pela compaixão, da salvação e do bem-estar de todos os seres vivos: *meditar para a salvação e para o bem-estar de todos* os seres vivos.

3
Prática da meditação hesicasta

3.1 A Postura

É necessário, primeiramente, lembrar a importância do *staretz*, isto é, o pai ou mestre espiritual; ele não faz daqueles que o seguem os *seus* discípulos e daqueles que ele gera os *seus* filhos, mas filhos de Deus, sendo seu papel o de transmitir a tradição e acompanhar com a sua bênção a prática daqueles que a ele se confiam.

Se nada é possível sem a graça de uma autêntica transmissão, nada é possível sem a liberdade e o esforço daquele que se engaja no caminho da prática.

O primeiro elemento no qual insistia o Padre Serafim era a postura, "aquela que exclui a impostura", teria ele podido acrescentar. A pessoa pode espantar-se pela insistência dada a uma atitude física, sobretudo no Ocidente, onde esta dimensão é, muitas vezes, esquecida. Parece, no entanto, normal, numa religião da encarnação, dar toda a sua importância ao corpo e às suas atitudes. O corpo não é o túmulo da alma, mas o templo do Espírito, o lugar onde o "Verbo se faz carne".

Também o primeiro conselho a dar a alguém que queira engajar-se na via da meditação não é de ordem intelectual, nem mesmo espiritual, mas física: "Senta-te! Senta-te como uma montanha!", precisou ele para mim. Sentar-se como uma montanha, isto quer dizer enraizar-se, ganhar peso, descer... Meditar não é decolar, mas aterrissar, reencontrar sua terra, suas raízes. Estar aí com todo o seu peso, imóvel.

Foi-me pedido igualmente para manter a bacia ligeiramente mais alta que os joelhos. Para isto, o Padre Serafim me propôs uma almofada de capim sobre a qual eu podia sentar-me; ela me serviria igualmente de travesseiro e de cadeira para as refeições que eu tomava solitariamente. O capim era recoberto por um tecido negro – o mesmo que o da batina que vestem os padres e os monges na ortodoxia; mais ou menos redonda, a almofada devia ser suficientemente espessa a fim de que, com as pernas cruzadas, eu pudesse encontrar uma posição estável e firme que me permitisse permanecer duas ou três horas assim, "nem contraído nem amolecido", sem dor nem fadiga – o que evidentemente não foi o caso no princípio; basta que se exija de nós que nos sentemos para que logo se apodere de nós a irresistível vontade de correr ou de movimentar-nos. Mas cada um sabe que a atitude do corpo condiciona a do espírito. Um corpo imóvel e silencioso chama um coração e um espírito imóveis e silenciosos.

Estar sentado como uma montanha é também "mudar de tempo": a natureza vive num outro ritmo. "Tu tens a eternidade diante de ti, tu tens a eternidade atrás de ti", dizia-me o Padre Serafim. "Se tu te manténs bem no centro, tu tens a eternidade em ti, é aí que podes fixar raízes, 'tanto no céu como na terra'. Para edificar uma igreja ou um templo, é necessário ser pedra; sê como a rocha, e o Cristo poderá edificar sobre ti e em ti a sua Igreja".

A lembrança de duas igrejas romanas que eu havia conhecido na França – a de Sénanque e a do Thoronet – ajudou-me bastante. No exterior, nada de extraordinário, a ordem humana é bem integrada dentro da paisagem: harmonia das formas, das pedras e do conjunto que circunda, nada de estilo trabalhado ou de espetacular, como mais tarde no gótico. Mas no interior, aquele espaço, aquele esplendor de equilíbrio que dá fundamento aos mais sublimes silêncios! Então, tratava-se para mim de estar numa "postura romana". Eu pensava também em certas Virgens da mesma época – coluna vertebral reta num assento impecável – que têm sobre seus joelhos, contra o ventre e entre os seios, o Deus-Menino, ele também sentado sem o menor langor infantil, o corpo e o olhar retos. *Sedes sapientiae*, a sede da sabedoria, dizia-se destas Virgens. É isto que eu tinha que me tornar, uma montanha habitada, um espaço-templo, um lugar onde a Sabedoria pudesse sentar-se, repousar.

Eu vivi assim muitas semanas, sendo que o mais difícil era ficar horas, dias inteiros "sem fazer nada". Era-me necessário reaprender a ser, total e simplesmente ser, sem a busca de um objetivo ou de um proveito particular.

Deixar o próprio Ser meditar em mim, como ele sabe fazer não somente nas pedras mais preciosas ou nos templos mais belos, mas também neste granito, ligeira excrescência sobre o flanco da montanha queimada pelo sol.

Meditar como uma montanha muda o ritmo dos pensamentos, mas também o julgamento. Trata-se de ser o que a gente é "por todos os tempos" – quentes ou frios, secos ou úmidos –, trata-se de permitir às estações passarem, corroerem-nos ou fazerem-nos florir. Ver sem "julgar", dar o direito de existir a tudo o que brota, que rola, que rasteja e que corre sobre a montanha; assim, alguém se torna sólido, inabalável, sejam quais forem os golpes, zombarias ou os êxtases daqueles que passam.

No entanto, isto podia conduzir-me a uma certa indiferença, próxima da dureza. Foi então que o Padre Serafim começou a espancar-me violentamente. No princípio, eu não ousava reagir, mas compreendi bastante depressa que eu não era nem de pedra nem de mármore.

"A meditação deve dar-te a estabilidade, o enraizamento, a paciência das montanhas; no entanto, o objetivo não é fazer de ti um cepo morto, mas um homem vivo". Tomando-me então pelo braço, ele me conduziu a um jardim onde, entre as ervas selvagens, desabrochavam algumas flores.

"Agora, não se trata de meditar como uma montanha estéril. Aprende a meditar como uma papoula, mas não te esqueças que tu és uma montanha, sobre a qual pode crescer a papoula [...]".

3.2 A orientação

Meditar é estar numa boa postura. Eis aí o primeiro passo. É necessário, em seguida, estar atento à sua "orientação". Na tradição ortodoxa fala-se de *philocalia*, amor à beleza: aquele que medita deve ter o coração, o corpo e o espírito "orientados para o belo"; se ele perde esta orientação interior e exterior, ele perde seu "oriente", ele está desorientado.

Concretamente, através da imagem da papoula, o Padre Serafim queria fazer-me compreender que eu devia, tal como uma flor ou uma árvore, ficar orientado em direção à luz, à beleza visível que nos envolve e que torna todas as outras coisas visíveis. Se a árvore não se eleva em direção à luz, ela se desenraiza e apodrece.

"A árvore, ou a flor, é a coluna vertebral em ti, a Árvore da vida plantada no meio do jardim. Mantém-te reto. Se tu tens raízes profundas, é para alimentar teu *élan* em direção à luz. A luz não é somente aquilo que está em cima, é o que está na frente, é o que está atrás. Mantém-te reto, dentro deste espaço de luz, como a papoula que se torna vermelha ao sol."

Fiz uma observação ao Padre Serafim no sentido de que, na *philocalia*, segundo o que eu tinha lido, o monge devia estar curvado, o olhar voltado para o umbigo e que a postura podia ser dolorosa. O *staretz* olhou-me com malícia: "Isso era para os fortes de antigamente, eles eram cheios de energia e era necessário chamá-los à humildade, recolocá-los dentro de seus limites. Não era mau, para eles que mantinham o peito alto, curvar-se um pouco durante a meditação [...]. Mas tu, a ver pelo estado de tua coluna vertebral, a ver tua tendência a pender para o lado aonde vais cair, tu tens antes necessidade de energia; então, no momento da meditação, endireita-te, sê vigilante, mantém-te reto na luz, mas sê sem orgulho [...]. Aliás, se observares bem a papoula, ela te ensinará não somente a posição reta de tua coluna vertebral, mas também uma certa flexibilidade sob o sopro do vento, e, sobretudo uma grande humildade [...]".

De fato, o ensinamento da papoula estava também em sua impermanência ou não permanência, na sua fugacidade, na sua fragilidade. Era necessário aprender a florescer, mas também a murchar. Eu compreendia melhor as palavras do profeta: "Toda carne é como a erva, e sua delicadeza é a da flor dos campos. A erva seca, a flor murcha, [...] as nações são como uma gota de água na borda de um balde, [...] os juízes da terra [...] apenas são plantados, apenas seu caule fixa raízes na terra [...] então eles se dessecam, e a tempestade os carrega como uma palha" (Is 40,6-24).

Se a montanha pode dar o sentido da eternidade, a papoula ensina antes a fragilidade do tempo: meditar é conhecer o Eterno na fugacidade do instante (um instante reto, bem orientado), é florescer no tempo que nos é dado para florescer, é amar no tempo que nos é dado para amar, gratuitamente, sem por quê, pois, afinal, por que e por quem florescem as papoulas?

"O amor é sua própria recompensa", dizia São Bernardo. "A rosa floresce porque ela floresce, sem por quê", dizia ainda Ângelo Silesius.

Como eu começasse a "teorizar" um pouco minhas experiências, o Padre Serafim me arrastou por um caminho abrupto até à beira do mar, numa pequena angra deserta: "Para de ruminar como uma vaca o bom sentido das papoulas [...] deves ter também o coração marinho. Aprende a meditar como o oceano".

3.3 A respiração

Aproximei-me do mar. Eu tinha conseguido um bom assento e uma orientação direita. Eu estava em boa postura, que me faltava? O que me podia ensinar o marulhar das ondas? O vento levantou-se, o fluxo e o refluxo do mar tornaram-se mais profundos, e isto despertou em mim a lembrança do oceano. O velho monge, de fato, havia-me aconselhado a meditar como o oceano, e não como o mar. Como sabia ele que quando menino eu passava longas horas à beira do Atlântico, sobretudo à noite, e que eu já conhecia a arte de harmonizar minha respiração com a grande respiração das ondas? Inspiro, expiro..., depois sou inspirado, sou expirado. Deixo-me levar pela respiração, como alguém que se deixa levar pelas ondas... Deste modo, eu "boiava", carregado pelo ritmo das respirações oceânicas. Isto, muitas vezes, me conduziu à beira de desvanecimentos estranhos. Mas a gota de água que antigamente "se desvanecia no mar" conservava hoje sua forma, sua consciência. Era este o efeito da postura, do meu enraizamento na terra? Eu não era mais carregado pelo ritmo aprofundado de minha respiração. A gota de água guardava sua identidade e, portanto, ela sabia "ser una" com o oceano. Foi assim que aprendi que meditar é respirar profundamente, deixar ser o fluxo e o refluxo da respiração.

Aprendi igualmente que, se havia ondas na superfície, o fundo do oceano permanecia tranquilo. Os pensamentos vão e vêm, provocam em nós a espuma, mas o fundo do ser permanece imóvel. Meditar a partir das ondas que nós somos para perder pé e fixar raízes no fundo do oceano. Tudo isto se tornava, a cada dia, um pouco mais vivo em mim, e eu evocava as palavras de um poeta que me tinha marcado no tempo de minha adolescência: "A Existência é um mar constantemente cheio de ondas. Deste mar, as pessoas ordinárias só percebem as ondas. Olha como das profundezas do mar aparecem à superfície inúmeras ondas, enquanto que o mar permanece escondido nas ondas". Hoje, o mar parecia-me menos "escondido nas ondas", a unicidade de todas as coisas parecia-me mais evidente, e isto não abolia o múltiplo. Eu tinha menos necessidade de opor a essência e a forma, o visível e o invisível. Tudo isto constituía o oceano único da vida.

No fundo, na essência de minha respiração, não havia a *rouah*, o *pneuma*, o grande sopro, a grande respiração de Deus?

"Aquele que escuta atentamente sua respiração não está longe de Deus", dizia-me então o Padre Serafim. "Escuta quem está lá no fim de teu expirar e lá na fonte de teu inspirar". De fato, havia aí alguns segundos de silêncio mais profundos do que o fluxo e o refluxo das ondas. Havia aí alguma coisa que parecia trazer o oceano...

Como esta atenção à respiração – expirar profundamente, deixar vir a inspiração – não me faria pensar em vossa prática no zen e no budismo? Não é ficando atento à sua respiração que o Buda teria chegado ao despertar? Eu inspiro docemente, eu expiro docemente, observar isto, estar atento a isto. Está aí uma prática universal; felizmente, só há cristãos e budistas que respiram!

Quando Jesus pede à Samaritana que entre na consciência de sua respiração (*pneuma*), ele quer conduzi-la à Fonte mesma de toda vida, seja qual for o lugar (montanha ou templo) onde se pratica esta meditação. O Padre Serafim insistia muito nesta atenção à respiração: "É o essencial da prática hesicasta. Rezar não é pensar em Deus; quando estás com alguém, tu não pensas nele, mas tu respiras com ele. Rezar é respirar consciente e profundamente, não é ter pensamentos sublimes sobre Deus, não é outra coisa que tornar-se um com seu *Pneuma* (respiração, sopro, Espírito) que te atravessa".

"Nossa vida só tem uma respiração, é o fio que te liga ao Pai, à Fonte que te engendra. Sê consciente deste fio e vai aonde queres."

3.4 A invocação

"Estar num bom assento, estar orientado diretamente na luz, respirar como um oceano não é ainda toda a meditação hesicasta", dizia-me o Padre Serafim. "Tu deves aprender agora a meditar como um pássaro". E ele me conduziu a uma pequena cela próxima de seu eremitério, onde viviam dois pombos. O arrulho destes dois bichinhos pareceu-me a princípio encantador, mas não tardou a enervar-me desagradavelmente. Eles escolhiam, de fato, o momento em que eu caía no sono para arrulhar as palavras mais ternas.

Eu perguntava ao Padre Serafim o que significava tudo isto e se esta comédia ia durar ainda por muito tempo. A montanha, o oceano, a papoula, ainda passam (alguém poderia perguntar o que há de cristão em tudo isto), mas propor-me agora esta ave lânguida como mestra de meditação, isso já era demais!

O Padre Serafim explicou-me que no Antigo Testamento a meditação é expressa em termos da raiz *haga*, traduzido o mais das vezes para o grego por *meleté – meletan* – e para o latim por *meditari – meditatio*. Em seu sentido primitivo, esta raiz significa "murmurar à meia-voz". Ela é igualmente empregada para designar os gritos dos animais, por exemplo, o rugido do leão (Is 31,4), o pio da andorinha e o canto da pomba (Is 38,14), mas também o grunhido do urso.

"No Monte Athos não há urso. É por isso que te conduzi para junto dos pombos, mas o ensinamento é o mesmo. É necessário meditar com a garganta, não somente para acolher a respiração, mas também para murmurar o nome de Deus dia e noite [...]. Quando tu estás feliz, quase sem prestar atenção, tu cantarolas, tu murmuras, algumas vezes, palavras sem significado, e este murmúrio faz vibrar todo teu corpo de alegria simples e serena.

Meditar é murmurar como a pomba, deixar subir o canto que vem do coração, como tu aprendeste a deixar subir em ti o perfume que vem da flor [...]. Meditar é respirar, cantando. Sem muito me retardar em sua significação para o momento, eu te proponho a repetir, a murmurar, a cantarolar o que está no coração de todos os monges do Athos: *Kyrie eleison, Kyrie eleison [...]*".

Esta ideia não me agradava quase nada. De certas missas de casamento ou de enterro, eu já tinha entendido esta frase que, traduzida, significa "Senhor, tende piedade". O Padre Serafim pôs-se a sorrir: "Sim, é uma das significações desta invocação, mas há muitas outras. Isto quer dizer também: 'Senhor, enviai vosso Espírito! Que vossa ternura esteja sobre mim e sobre todos, que vosso nome seja bendito etc.', mas não procure muito apoderar-te do sentido desta invocação, ela se revelará a ti por si mesma. No momento, sê sensível e atento à vibração que ela desperta em teu corpo e em teu coração. Procura harmonizar mansamente com o ritmo de tua respiração. Quando pensamentos te atormentam, volta de novo docemente a esta invocação, respira mais profundamente, mantém-te reto e imóvel e tu conhecerás um começo de *hesichia*, a paz que Deus dá sem conta àqueles que o amam".

Ao final de alguns dias, o *Kyrie eleison* tornou-se para mim um pouco mais familiar. Ele me acompanhava como o zumbido acompanha a abelha até que ela faz seu mel. Eu não o repetia sempre com os lábios; o zumbido tornou-se então mais interior, e sua vibração mais profunda. Havendo renunciado a "pensar" seu sentido, ele me conduzia, muitas vezes, dentro de um silêncio desconhecido, e eu me encontrava na atitude do apóstolo Tomé, quando ele descobriu o Cristo Ressuscitado: *Kyrie eleison*, "meu Senhor e meu Deus".

A invocação me imergia pouco a pouco dentro de um clima de intenso respeito por tudo o que existe, mas também de adoração para com aquele que se mantém escondido na raiz de todas as existências.

Todas as tradições que concordam em ver na época atual o fim de um ciclo da humanidade concordam igualmente em afirmar que, numa tal fase, a melhor esperança de salvação reside na meditação do Nome; é o método mais adaptado ao homem dos últimos tempos, a via mais segura...

Segundo o Profeta Joel: "Quando o sol se mudar em trevas e a lua em sangue [...], quem invocar o Nome do Senhor será salvo".

Para a tradição sufista, no fim dos tempos, o homem não poderá cumprir senão "um décimo da lei", e este décimo consiste na invocação do Nome.

Na tradição hindu, o Vishnu-Dharma Uttara é formal: "O que se obtém na primeira idade (a idade de ouro) pela meditação silenciosa, nas idades seguintes, pelo sacrifício e pela devoção, se obtém na última idade (a idade de ferro) pela celebração de Keshava (Vishnu); e ainda, no Kali-yuga (a idade sombria), a repetição do Nome de Hari basta para destruir todos os erros".

Sri Ramakrishna chegava até mesmo a dizer que "a lembrança permanente de Deus é o *dharma*. A lei própria para esta idade".

Certas formas de budismo consideram igualmente que o que nós temos que fazer no tempo presente é arrepender-nos de nossas transgressões, cultivar as virtudes e pronunciar o nome de Buda Amithâbha.

Num mundo semeado de obstáculos, cheio de sutis tentações, Buda aconselha a "concentrar-se na recitação do seu Nome".

Poder-se-iam multiplicar as referências. Foi dito no Corão: "Lembrai-vos de mim, e eu me lembrarei de vós [...]. A invocação de Deus é a coisa mais sublime".

É o que já diziam os monges do Egito e da Síria, mas também o Mahâbhârata: "De todas as atividades humanas, a invocação é a mais sublime" (o *japa*).

A Shiva-Samhita acrescenta: "Pela repetição do mantra, ganha-se a beatitude neste mundo e no do além [...]. Recebido de um Mestre, o mantra deve ser dito com grande desvelo, sem pressa e sem demora, de um coração confiante e atento em meditar sobre seu segredo".

Em seu belo livro sobre o Athos, Jean Biès precisa: "Diz-se na Índia que a pessoa recebe o nome antes mesmo de entrar na religião e de tomar o hábito".

Nas tradições semitas, o Nome é também a Presença, a Energia, e não se trata de invocar, não importa quem nem o quê; da mesma maneira que a gente se torna aquilo que ama, se torna aquilo que pensa, se torna aquilo que invoca.

Nos mosteiros gregos ortodoxos, a invocação é geralmente *Kyrie eleison* ou, nos mosteiros russos, *gospodi pomijul (pomilui)*. Antes de introduzir-me numa prática mais alta e mais silenciosa, mais próxima do *abba* que era para Jesus a "oração do coração", o Padre Serafim aconselhou-me a deter-me longamente na invocação do Nome de Yeshua, não somente porque neste Nome há as quatro letras do tetragrama YHWH, o Nome inefável, "aquele que É o que É", mas porque este Nome era para ele, como para Máximo, o Confessor, "um arquétipo da Síntese". É o Nome de Deus e o Nome do homem em um só Nome, é o arquétipo do reencontro entre o humano e o divino, o finito e o infinito, o eterno e o tempo.

"Invocando o Nome de Yeshua sobre a respiração, tu não te esqueces da humanidade, tu não te esqueces da divindade. Não há Deus sem homem, não há homem sem Deus. O Nome de Yeshua transporta-te sobre a terra e eleva-te ao céu. Nele, nada está separado. Este Nome é criador de equilíbrio, ele favorece em ti a integração e a síntese; ele é o instrumento que Deus nos dá hoje para nossa *theosis,* da nossa divinização.

Tu podes invocar o Nome e, ao mesmo tempo, visualizar seu Rosto, e a função dos ícones é a de despertar em ti este rosto; o ícone e o Nome conduzem-te à Presença soberana que poderia 'reinar' em teu coração. Agora, tu sabes meditar como uma montanha, como uma papoula, como o oceano, como uma pomba; tu podes começar a meditar como um ser humano, meditar como Abraão."

3.5 Estar centrado no coração

Até aqui, o ensinamento do *staretz* era de ordem natural e terapêutica. Os antigos monges, segundo o testemunho de Fílon de Alexandria, eram, de fato, terapeutas. Seu papel, antes de conduzir à iluminação, era o de curar a natureza, de colocá-la nas melhores condições para que ela pudesse receber a graça, a graça que não contradiz a natureza, mas que a restaura e complementa.

É o que fazia comigo o Padre Serafim, ensinando-me um método que alguns poderiam qualificar como puramente natural. A montanha, a papoula, o oceano, o pássaro, tantos elementos da natureza que relembram ao homem que ele deve, antes de ir mais longe, recapitular os diferentes níveis do ser, ou ainda, os diferentes reinos que compõem o macrocosmo: o reino mineral, o reino vegetal, o reino animal. Frequentes vezes, o homem tem perdido o contato com o cosmos, com o rochedo, com os animais, e isto não acontece sem provocar nele todas as espécies de mal-estar, de doenças, de insegurança, de ansiedade. Ele se sente "demais", um estranho para o mundo.

Meditar é primeiramente entrar na meditação e no louvor do universo, porque, segundo os Padres, "todas estas coisas sabem rezar antes de nós". O homem é o lugar onde a oração do mundo toma consciência de si mesma; ele está aí para nomear o que todas as criaturas balbuciam. Meditar como Abraão é entrar em uma nova e mais alta consciência que a gente chama de fé, isto quer dizer, a adesão da inteligência e do coração a este "Tu" que é, que transparece no múltiplo relacionamento em que todos os seres se tratam por "tu". Estas coisas é que são a experiência e a meditação de Abraão: atrás do estremecimento das estrelas, há mais do que as estrelas: há uma Presença difícil de se nomear, uma Presença que nada pode nomear e que tem, no entanto, todos os nomes...

É o coração que pode sentir isto. Aí, há alguma coisa que é mais que o universo e que, no entanto, não pode ser tomada de fora do universo. A diferença que existe entre Deus e a Natureza é a mesma que a que existe entre o azul do céu e o azul de um olhar... Além de todos os azuis, Abraão estava à procura desse olhar...

Depois de ter aprendido a postura (a sentar-me), o enraizamento, a orientação positiva em direção à luz, a respiração agradável do oceano, o canto interior, eu era convidado a um despertar do coração. "Eis que de repente vós sois alguém". O próprio do coração é, de fato, personalizar toda coisa e, neste caso, personalizar o Absoluto, a Fonte de tudo o que é e respira, nomeá-la, chamá-la de "Meu Deus, Meu Criador" e caminhar em sua presença. Meditar, para Abraão, é conservar, sob as mais variadas aparências, o contato com essa Presença.

Esta forma de meditação entra nos detalhes concretos da vida quotidiana. O episódio do carvalho de Mambré mostra-nos Abraão "sentado na entrada da tenda, na hora mais quente do dia", e aí ele vai acolher três estrangeiros que querem revelar-se como seres enviados de Deus. "Meditar como Abraão – dizia-me o Padre Serafim – é praticar a hospitalidade: o copo d'água que tu dás àquele que tem sede não te afasta do silêncio, ele te aproxima da fonte. Meditar como Abraão, tu o compreendes, não desperta somente em ti a paz e a luz, mas também o Amor para com todos os homens". E o Padre Serafim evocava a famosa passagem do livro do Gênesis em que se trata da intercessão de Abraão:

"Abraão mantinha-se diante de YHWH, Aquele que é, que era e que será. Ele se aproximou e disse: 'Vais realmente exterminar o justo com o pecador? Pode ser que haja cinquenta justos na cidade, vais realmente exterminá-los e não perdoarás a cidade pelos cinquenta justos que vivem nela?' (Gn 18,23-24).

Pouco a pouco, Abraão devia reduzir o número dos justos para que Sodoma não fosse destruída: 'Que meu Senhor não se irrite, e eu falarei uma última vez: talvez se encontrem dez' (Gn 18,32).

Meditar como Abraão é interceder pela vida dos homens, não ignorar nada de sua podridão e, no entanto, não se desesperar nunca da misericórdia de Deus."

Este gênero de meditação liberta o coração de todo julgamento e de toda condenação, em todo tempo e em todo lugar; sejam quais forem os horrores que lhe forem dados contemplar, ele chama o perdão e a bênção.

"Meditar como Abraão, isto conduz ainda mais longe [...]". A palavra custou a sair da garganta do Padre Serafim, como se ele tivesse querido economizar uma experiência pela qual ele mesmo deveu passar e que despertava na sua memória um estremecimento sutil: "Isto pode chegar até ao sacrifício". E ele citou a passagem do Gênesis em que Abraão se mostra disposto a sacrificar seu próprio filho Isaac. "Tudo é para Deus – continuou murmurando Padre Serafim –, tudo é dele, para Ele e por Ele; meditar como Abraão conduz-te a esta total desapropriação de ti mesmo e daquilo que tu tens de mais caro [...]. Procura aquilo a que tu mais te apegas, aquilo com que identificas o teu 'eu': para Abraão era seu filho, seu único filho. Se tu és capaz deste dom, deste abandono total, desta confiança infinita naquele que transcende toda razão e todo bom-senso, então tudo te será restituído ao cêntuplo: 'Deus proverá'".

Meditar como Abraão é não ter no coração e na consciência "nenhuma outra coisa a não ser Ele". Quando subiu a montanha, Abraão somente pensava em seu filho. Quando desceu, ele pensava somente em Deus.

Passar pelo ápice do sacrifício é descobrir que nada pertence ao "eu". Tudo pertence a Deus. É a morte do ego e a descoberta do "outro". Meditar como Abraão é aderir pela fé àquele que transcende o Universo, é praticar a hospitalidade, interceder pela salvação de todos os homens. É esquecer-se de si mesmo e romper seus apegos mais legítimos para se descobrir a si mesmo, nossos próximos e todo o Universo, habitados todos pela infinita presença "daquele que unicamente é".

Na tradição zen, fala-se talvez menos de sacrifício, mas preferentemente de "largada-tomada", ou de desapego. Não é o supremo desapego que é pedido a Abraão? Não é também a largada-tomada ou o sacrifício de seu ego, de seu ponto de vista "humano, muito humano", para despertar-se para uma outra dimensão, despertar-se para o próprio coração de Cristo dentro do coração do homem?

Quando eu pedia ao Padre Serafim para falar-me mais do Cristo e deste despertar do coração, que na tradição é "o centro vital humano-divino", ele teve o ar turvado, como se eu lhe pedisse alguma coisa indecente, como se ele precisasse revelar seu próprio segredo. Quanto maior é a revelação que a gente recebe, tanto maior deve ser a humildade para transmiti-la. Sem dúvida, ele não se sentia bastante humilde: "Somente o Espírito Santo é que te pode ensinar isto [...], ninguém sabe quem é o Filho senão o Pai, nem quem é o Pai, senão o Filho e aquele a quem o Filho quiser revelá-lo (Lc 10,2). É necessário que tu te tornes filho para rezar como o filho e manter com Aquele que ele chama de seu Pai e nosso Pai as mesmas relações de intimidade que ele, e isto é obra do Espírito Santo, ele te recordará tudo o que

Jesus disse. O Evangelho tornar-se-á vivo em ti, e ele te ensinará 'a rezar como convém'".

Eu insistia: "Dizei-me ainda alguma coisa". O velho sorriu para mim: "Agora, disse ele, o que eu faria melhor é latir. Mas tu ainda tomarias isto como um sinal de santidade. É melhor dizer-te as coisas simplesmente".

"Meditar como Jesus recapitula todas as formas de meditação que eu te transmiti até agora. Jesus é o homem cósmico. Ele sabia meditar como a montanha, como a papoula, como o oceano, como a pomba. Ele sabia também meditar como Abraão: o coração sem limites, amando até aos seus inimigos, aos seus carrascos: 'Pai, perdoai-lhes, eles não sabem o que fazem'; praticando a hospitalidade com relação àqueles que se chamavam os doentes e os pecadores, os paralíticos, as prostitutas, os *collabos*[3] [...]. À noite, ele se retirava para orar no segredo e aí, como uma criança, ele murmurava *abba*, o que quer dizer 'papai' [...]. Pode parecer-te de tal maneira ridícula esta coisa de chamar de 'papai' o Deus transcendente, infinito, inominável, para além de tudo! É quase ridículo e, no entanto, era a oração de Jesus, e nesta simples palavra tudo era dito. O céu e a terra tornavam-se terrivelmente próximos. Deus e o homem tornavam-se apenas um [...]. Talvez seria necessário ter sido chamado de 'papai' de noite para compreender isto. Mas hoje, estas relações íntimas de um pai e de uma mãe com seu filho talvez não queiram dizer nada, talvez seja uma má imagem [...].

Eis aí porque eu preferia não te dizer nada, não empregar uma imagem e esperar que o Espírito Santo colocasse em ti os sentimentos e o conhecimento que estavam no Cristo Jesus, e que este *abba* não venha da ponta dos lábios, mas do fundo do coração.

---

3. Corruptela de *collaborateurs*, termo usado de maneira pejorativa para indicar aqueles que no tempo da ocupação colaboravam de alguma maneira (em serviços burocráticos ou de informações ou outros) com o regime dominante [N.T.].

Nesse dia, começarás a compreender o que é a oração e a meditação dos hesicastas."

Não seria necessário opor a oração do coração e a meditação com o *hara*; o importante é estar centrado. Como nós já o dissemos, uma vida que não tem sentido é uma vida que não tem centro; fazer todas as coisas, permanecendo centrado, isto muda tudo – tanto o nosso olhar quanto a nossa maneira de ser.

Na meditação hesicasta, trata-se de estar centrado no coração, lugar de integração do mental e do vital. O coração é o órgão da relação, passar do mundo dos objetos ao mundo das presenças; a vida não é mais somente uma energia anônima, é uma Presença.

> Qualquer que seja a tua prática ou a tua meditação, pergunta-te se esta meditação tem um coração, depois, pergunta-te se este coração é o de um homem, como Abraão, pergunta-te ainda, se tu ousas, se este coração é o de um homem em Deus, ou de Deus no homem, pergunta-te se este coração é o do Cristo ou o do Amor que vem para encarnar-se "para teu bem-estar e para o bem-estar de todos" [...].

11

A VIA DA COMPAIXÃO

Que todos os seres sejam felizes, que eles estejam na alegria, na segurança e na santidade.

Todo ser que é vivo, fraco ou forte, comprido, grande ou médio, curto ou pequeno, visível ou invisível, próximo ou distante, nascido ou para nascer, que todos estes seres sejam felizes.

Que ninguém engane o outro, nem se despreze algum ser por pequeno que seja.

Que ninguém, por cólera ou por ódio ou por ignorância, deseje mal a um outro; da maneira com que uma mãe, no perigo de sua vida, cuida e protege seu filho único, assim, com um espírito sem limites, se deve querer bem a todo ser vivo.

Amai cada ser com ternura.

Amai o mundo em sua totalidade, em cima, embaixo e ao redor, sem limitação, com uma bondade benevolente e infinita. Estando de pé ou andando, estando sentado ou deitado, trabalhando ou em repouso, contanto que a pessoa esteja acordada, é belo, é bom cultivar este desejo, este voto. Isto se chama a suprema maneira de viver.

Meta Sutta

Numa via de compaixão, jamais alguém medita para si mesmo – isto seria limitar os benefícios da meditação –, mas para o bem de todos. O mais útil é tranquilizar nosso mental. Se nós estamos realmente em paz, ao menos um lugar no mundo está em paz, e a tranquilidade de nosso espírito se comunica a todos os seres vivos e à sociedade em geral.

Antes de querer "fazer o bem" aos outros – veremos toda a ambiguidade desta expressão – é necessário saber em que espírito se faz esse bem. O ensinamento das tradições torna-nos atentos ao estado de nosso espírito, à sua vigilância. Nossas intenções e nossos votos podem ser os melhores do mundo, eles não serão suficientes, se nosso espírito não estiver esclarecido, pacificado; se alguém utiliza um instrumento justo com espírito falso, ele funciona de maneira errada.

É importante nunca separar o amor do conhecimento, a compaixão da sabedoria; uma sabedoria sem compaixão permanece fechada sobre si mesma e não produz frutos, uma compaixão sem sabedoria é loucura e fonte de sofrimento.

1
O que é um *bodhisattva*?

A *bodhi*, em sânscrito, é "a inteligência", o Buda, "a inteligência despertada", "o despertar" ou "o estado de despertar"; *sattva* é "o ser" ou "a essência". Um *bodhisattva* é então um "ser despertado", um ser em despertar, um ser no caminho do despertar, um ser em estado de espírito despertado. São possíveis diferentes interpretações.

Na tradição budista, o *bodhisattva* é aquele que entrou com determinação no caminho do despertar, no caminho de transformação; ele quer ver claramente o que é, ele quer ver a realidade "tal como ela é", não somente para si mesmo, mas para o bem-estar de todos, e ele não está despertado, enquanto todos os seres não o estiverem. Ele nunca está despertado sozinho.

Seria necessário acrescentar um certo número de nuanças e de precisões a esta definição: *um* bodhisattva *é um ser que não estaria assustado pela multidão de seres a libertar nem pelo tempo que seria necessário para chegar a isso, e que daria até sua cabeça e seus membros para atingir o grande despertar.* Por *bodhisattvas* entendem-se geralmente os seres que, por sua ascese, sua transformação, chegaram ao estado do despertar, mas renunciaram a entrar na plenitude deste despertar, enquanto que um só ser estiver sofrendo.

"Nunca se salva totalmente só", diz-se na tradição cristã. É como se alguém se recusasse a conhecer o paraíso, a ver a Deus, enquanto que um só ser não participe desta visão. "Que eu seja anátema para meus irmãos", diz São Paulo. Enquanto um só ser não conhece o Amor incriado e criador, o fundamento do ser e da vida, não renunciamos a conhecê-lo, mas renunciamos a degustá-lo, a saboreá-lo; dizemos que não podemos conhecê-lo e saboreá-lo "plenamente".

Estamos aqui na presença de um estado de consciência que não é o de um pequeno "eu", mas de um estado de consciência "cósmica", aberto a todos os seres: meu próprio corpo é o corpo do universo, e, se neste universo um só membro sofre, eu não posso conhecer a plenitude ou, em termos cristãos, a beatitude.

Então estou no caminho do *bodhisattva*.

2
Dhammapada e Evangelho

Como não aproximar as palavras de Siddhârta Gautama, o Buda, das palavras de Yeshua de Nazaré, o Cristo? Não se trata de misturar *Dhammapada* e Evangelho, nem de opô-los. Recusando sincretismo e sectarismo, permaneceremos na via do meio.

Dentro da tradição budista, eu me contentarei por transmitir primeiramente o que recebi do Dalai-Lama, quando estive com ele nos Estados Unidos, depois, o que eu recebi na França de Kalou Rimpotché e de seu discípulo, Lama Denys Teundroup.

Dentro da tradição cristã, farei eco do que recebi, de uma parte, da tradição ortodoxa, particularmente no Monte Athos – tradição que nos transmite sem interrupção o que nos comunicaram não somente os Apóstolos, mas também os Padres da Igreja, os Padres do Deserto –, e de outra parte, da tradição católica romana, junto aos dominicanos.

Quer sejamos budista, cristão, ou ateu, estamos em busca da verdade, no caminho do despertar. Ora, o despertar não é propriedade dos budistas como o amor não é propriedade dos cristãos; a realidade não é propriedade de ninguém. A gente entra na espiritualidade a partir do lugar onde se encontra: o importante é "dar um passo a mais", avançar, tornar-se melhor.

– É necessário fazer isto de preferência àquilo? Que prática seguir? – perguntei ao Dalai-Lama.

– Tudo o que te torna melhor, é bom para ti – respondeu-me ele.

Isto é simples e cheio de bom-senso. A melhor religião, ou a melhor prática, é aquela que nos torna melhores.

Não estamos aqui para dizer que os budistas são melhores do que os cristãos ou que os cristãos são melhores do que os budistas; tanto uns, quanto outros – budistas, cristãos, ateus –, estão a caminho para tentar tornarem-se melhores e tornar o mundo mais habitável, para fazer com que a vida aí se torne possível.

Se as palavras de Buda entram em ressonância com as de Cristo, isto é porque não há outra realidade a não ser a Realidade. O que é verdadeiro para um budista deve ser verdadeiro para um cristão, o que não é verdadeiro para um cristão não o é para um budista. Senão, de que verdade nós falamos? Há uma só Realidade, mas diferentes maneiras de encarnar, de encarnar a vida, de encarnar a consciência e o Amor.

Estamos a caminho para esta Realidade, mas nós podemos ter uma afinidade com uma prática mais rigorosa que outra, mais afetiva ou mais devocional, sabendo, no entanto, que aquilo que é melhor para nós não é forçosamente o melhor para os outros. Não devemos julgar se os outros devem passar pela mesma prática, mas juntos podemos trabalhar para a nossa transformação e pela transformação do mundo.

3
O voto de compaixão

Qual é o voto daquele que anima a compaixão? É sábio consagrar sua vida ao bem-estar de todos os seres vivos? É razoável fazer tal voto? Querer salvar os outros não é um sonho ou mesmo uma megalomania? Quais são as motivações e as justificativas deste voto, interesseiras ou desinteressadas?

Podemos ocupar-nos do bem-estar dos outros, porque descobrimos que nosso bem-estar se torna acrescido de bem-estar, e isto não é forçosamente uma coisa má. Abrir-se aos outros é uma maneira de alargar seu coração, sua inteligência também, é talvez a melhor maneira de ir "além do ego"; no caminho do *bodhisattva*, há uma justificativa completamente interessada que é nossa própria libertação. Tornar-se livre e feliz, amando!

Há justificativas mais desinteressadas. Na prática da compaixão, o amor gratuito é possível, porque temos em nós esta capacidade de dom, porque nossa verdadeira natureza é Amor e Luz. Na linguagem do cristianismo, dir-se-á que nós temos o espírito de Cristo, seu Sopro – o *Pneuma*, o Espírito Santo –, e é a partir desta Realidade, "mais nós do que nós mesmos", que podemos trabalhar pelo bem-estar de todos os seres vivos.

Querer o bem-estar de todos os seres vivos a partir do nosso "eu" (eu quero!) corre o risco ser muito limitado e até mesmo catastrófico para os outros. Querer o bem-estar das pessoas segundo o que nós consideramos ser felicidade corre o risco de ser um pouco difícil. A compaixão, esta qualidade de ser e de amor nunca é centrada no "eu". Não é o eu que ama, porque justamente o eu não sabe amar; com todos os defeitos que ele acumula em sua vida, o "eu" somente procura preservar-se, ele só pede para ser amado, sem cessar e sempre mais, e isto nunca é o "bastante". Somente o "ele" é capaz de dom e de gratuidade.

Trata-se de despertar para uma qualidade de ser, de consciência e de amor que é a nossa natureza essencial; trata-se de deixá-la vir primeiro em nós, depois, deixar crescer esta capacidade de dom, esta qualidade de despertar, a fim de que todos os nossos atos estejam impregnados dela.

4
A prática da compaixão

É muito bonito emitir um voto, estar cheio de boa vontade... "Paz sobre a terra aos homens de boa vontade!" Mas o que é isto concretamente na vida quotidiana? Qual é a prática de um ser que escolheu a compaixão como regra de vida?

Esta prática deve consistir em desenvolver em nós seis perfeições:

- o dom;
- a disciplina, o domínio ao mesmo tempo do espírito e dos atos (positivos e negativos), a observação dos nossos comportamentos;
- a paciência;
- a energia;
- a prática da meditação;
- a sabedoria.

Meditar é dar de seu tempo, e isto supõe a disciplina, a paciência e muita energia. A meditação pode conduzir-nos à sabedoria, ao amor inteligente, à compaixão inteligente, não nociva. É necessário repetir: fazer uso da compaixão com um espírito não esclarecido, não pacificado, só pode ser nocivo. Querer o bem-estar de todos os seres vivos com um espírito não esclarecido faz mais mal do que bem, donde a importância de desenvolver em nós estas perfeições.

Podemos colocar esta prática em ressonância com aquelas que nos são propostas dentro da tradição cristã e que os antigos chamam de *nepsis*, a "atenção vigilante", o amor esclarecido. A prática da vigilância pede-nos para termos o espírito fluido, não fixado, para "permanecer em aberto". Se nós temos dificuldades em nossas relações, é porque temos ideias uns a respeito dos outros, fixamos a personalidade do outro nas emoções, nas reações, nós nos identificamos com "fixações" sensitivas, emotivas, afetivas, intelectuais...

O que a tradição budista chama de *bodhicitta última,* é a introdução em nossa existência de momentos em que afrouxamos estas fixações, deixando o fluxo da consciência e da compaixão escoar através de nós, em vez de "congelá-lo" em uma forma ou em outra.

Certas práticas mais avançadas poderão parecer ousadas àqueles que não as conhecem, quando se trata, por exemplo, de trocar "seu eu" com o do outro, de acolher em si todas as negatividades de um indivíduo, da coletividade ou do universo para transformá-los. Não é preciso entender isto como uma forma de masoquismo "transcendental": tomar sobre si os males de outrem não muda nada, corremos somente o risco de tornar-nos mais infelizes; mas trata-se de tomá-los numa certa atitude a fim de transformá-los.

Dentro da prática de *Tonglen*, a pessoa, inspirando, recebe em si as negatividades – não fazer oposição àquilo que é negativo nos livra do medo e do temor – ao passo que, expirando, a pessoa exprime a positividade, o que em nós é melhor do que nós, esta capacidade de dom, de despertar e de compaixão que não é o "nós", mas o Vivente em nós.

É um trabalho alquímico, pois a gente não pode fazer evoluir as coisas, a não ser aceitando-as, recebendo-as primeiramente em si, não para olhá-las, mas para transformá-las. Isto supõe em nós a presença do fogo da energia transformadora; se acolhemos em nós as imundícies, é para que elas sejam transformadas pelo fogo e para que todas as nossas tábuas apodrecidas se tornem chamas vivas.

A tradição cristã é uma tradição do "Servo" (cf. Isaías): aquele que toma sobre si os males, os desvios, as nocividades, os pecados do mundo para transformá-los. Esta prática, que não encerra nada de masoquista ou de mórbido, pode ser a nossa prática e tornar-se a condição mesma de nossa própria felicidade e da felicidade do outro. Mas ela supõe que nós sejamos libertados do medo do sofrimento, da morte, das nocividades, e que tenhamos em nós esta capacidade de transformá-las.

É bom lembrar novamente as palavras fundamentais de Buda sobre as quais vão fundar-se estas práticas de compaixão:

> Não creiais em uma coisa somente porque alguém vo-la disse, porque outros nela creem, porque elas dependem da tradição ou porque vós a imaginastes. Não creiais naquilo que vosso mestre disse simplesmente por respeito para com ele, mas crede e tomai por doutrina e agarrai-vos àquilo que, após um sério exame, vos parecerá aproveitável para o bem de todos os seres.

Buda insiste na importância da própria experiência, nesta exigência de verificar por si mesmo. As coisas não se tornarão fecundas, úteis, a não ser à medida que elas se tornarem nossas.

Esta é também a atitude de Jesus no Evangelho: "Vinde e vede!" Venham ver, experimentem, verifiquem! Nós estamos em uma caminhada, não de uma crença – não há nada para crer –, mas de verificação e de prática; trata-se, ao mesmo tempo, de observar todas as coisas com inteligência e de verificar no concreto para que isto nos serve, se isto nos faz avançar...

O último critério, "aproveitável para o bem de todos os seres", é um critério de discernimento. Se for aproveitável somente para mim, não é ainda verdadeiramente útil. Aquilo que eu faço, aquilo que eu aprendo, aquilo que eu ensino é útil para o bem de todos os seres? Isto traz um pouco mais de paz, de felicidade, de verdade, de lucidez à humanidade ou, ao contrário, isto somente faz aumentar a confusão, a perturbação e a infelicidade?

Primeira regra, então: experimentar, verificar, discernir.

"É justo e bom, se isto for de proveito para todos os seres": esta palavra essencial de Buda não depende de uma atitude egocêntrica, mas de uma atitude "alocêntrica"; uma coisa somente é útil à medida que ela for de proveito para os outros, para o universo.

"Eu só ensino duas coisas: a realidade do sofrimento e a possibilidade de escapar dele", dizia ainda Buda. Constatar que nós não somos completamente felizes, que sofremos, que há infelicidade no mundo, é uma realidade que não podemos negar, mas que devemos aceitar e olhar de frente, se nós queremos não permanecer fixos, se queremos ultrapassá-la. Constatar o sofrimento sem possibilidade de transformá-lo não muda nada; ver que existe a possibilidade de ser feliz sem constatar a realidade do sofrimento conduz à ilusão.

No cristianismo, Santo Agostinho afirma com precisão que "uma coisa é necessária à medida que ela contribui para nos libertar da infelicidade e para nos conduzir à paz última"; todas as atividades que não conduzem à salvação, tanto à nossa quanto à de todos, são acidentais, não necessárias. A palavra salvação, *soteria* em grego, quer dizer "saúde": saúde do ser, tomada em sentido amplo, libertação do ser. Para Santo Agostinho, é bom, antes de agir, interrogar-se sobre a utilidade de fazer tal ou tal coisa: esta ação me faz crescer, me faz evoluir? É útil para os outros (são dois critérios fundamentais)? Se a resposta é "não", trata-se de uma ação inútil, eu perco o meu tempo, eu me distancio do Real; este distanciamento, ou este exílio, é sofrimento e ilusão.

"Quando recebes uma flecha no braço, tu te interrogas quem atirou a flecha, qual é a natureza da sua madeira, ou te preocupas em cuidar de teu ferimento?", responde Buda à pergunta que lhe é colocada SOBRE a origem do mal e do sofrimento. Nós não estamos aí para nos colocar a questão de saber de onde vêm o sofrimento, o mal e a existência, mas para constatar que nós temos o mal e nos perguntar como fazer para atenuar este sofrimento em nós e no mundo.

Mesmo que o dogma estabeleça que o mundo seja eterno ou não, permanecem, apesar de tudo, o nascimento, a velhice, o desgosto, a miséria, o luto e o desespero, todas estas realidades da existência humana, e é com a sua extinção na vida presente que me preocupo. Especular sobre a eternidade do mundo e sobre sua origem não é mau em si, mas como fazer cessar os sofrimentos nos quais estamos? Como sair desses impasses? É com isso que é necessário preocupar-se. Não temos energia e tempo a perder com questões insolúveis e ociosas, mais vale utilizá-los para a salvação e para o bem-estar de todos os seres vivos.

5

As impurezas do espírito

"Nós somos o que pensamos, e o que nós somos depende do estado de nosso espírito, do estado de nossa consciência. Nossos pensamentos fazem o mundo no qual vivemos; aquele que fala e age com um espírito doentio, o sofrimento o segue como a roda segue o casco do boi que puxa a carroça", diz o *Dhammapada*.

Na via da compaixão, a atitude de nosso espírito é de uma extrema importância, porque o mundo, tal como existe, depende da maneira como nós o concebemos e interpretamos. Mudar o mundo é mudar o estado de espírito!

Estamos bem no coração do Evangelho, isto é, da "metanoia" – *métanoia*, em grego, significa ir além do *nous*, mudar de *nous*, de consciência, o que se traduz por "convertei-vos", ou dito de outra maneira: mudai de mentalidade, mudai vossa interpretação do mundo, mudai vossa maneira de ver. Mudar o olhar é mudar o mundo!

Na nossa vida quotidiana, as coisas são o que elas são; é a maneira com que as vemos que faz com que sejamos felizes ou infelizes. Do mesmo modo, as pessoas são o que são, é a maneira com que nós as olhamos que nos causa sofrimento ou, pelo contrário, provoca uma melhora, uma transformação.

Entrar por um caminho de compaixão e de amor é converter nosso espírito, transformar nosso olhar, entrar dentro de um processo de *metanoia*. Porque nosso pensamento influencia o mundo no qual vivemos – não somente nosso mundo subjetivo, mas igualmente as estruturas do mundo. Ele se encarna nos gestos, nos atos, e se ele não está purificado, limpo, os atos não poderão ser puros, justos.

Estes momentos de meditação, de observação de si mesmo, não são simplesmente para si, mas para o bem-estar de todos: um espírito doente só pode aumentar a miséria do mundo. Antes de amar, é necessário procurar não prejudicar, por nosso pensamento, por nosso estado de espírito. Respeitar os outros com esta vontade de não prejuízo é, sem dúvida, o primeiro ato de amor que a gente pode oferecer a alguém – *ahimsa*, a não violência, que bem se poderia traduzir por "não prejuízo".

Não prejudicar é transformar o mundo a partir de nós mesmos, a partir dos pensamentos, das emoções, dos sentimentos sobre os quais nós temos um certo poder; senão, viveremos na projeção, nos desejos, as repulsas que nos animam, e aumentaremos assim mais sofrimento.

"Da mesma maneira, meus amigos, que um tecido sujo e manchado, ao ser molhado pelo tintureiro não importa em que cor – seja azul, seja amarela, seja vermelha, seja cor laranja –, esta cor permanecerá uma cor suja, uma cor ofuscada. Por que isto? Porque, meus amigos, o tecido está sujo. Da mesma maneira, quando o espírito está impuro, devem-se esperar infelizes consequências.

Da mesma maneira, meus amigos, que um tecido sem mancha e limpo, ao ser molhado pelo tintureiro não importa em que cor – seja azul, seja amarela, seja vermelha, seja cor laranja –, esta cor permanecerá uma cor limpa, uma cor sem mancha. E por que isto? Porque o tecido está limpo. Da mesma maneira, meus amigos, quando o espírito está puro, devem-se esperar consequências felizes", dizia Buda.

Quais são as impurezas do espírito? "A ganância e a cobiça são impurezas do espírito, a maldade, a cólera, a malevolência, a hipocrisia, a difamação, a inveja, a mentira, a esperteza, a obstinação, a impetuosidade, a presunção, a arrogância, a suficiência, a negligência são impurezas do espírito".

Estas atitudes são nossas e nos lembram que nosso espírito não é assim tão límpido. Se nós queremos encontrar de novo nossa verdadeira natureza, devemos trabalhar para a purificação, para a simplificação, para a tranquilidade de todas estas impurezas. Tudo isto não é o "nós". O trabalho de purificação, de ascese, não consiste em querer transformar alguma coisa naquilo que nós somos, mas em tornar-se realmente aquilo que nós somos, em arrancar de nós tudo o que não é o "nós", todas estas memórias que estão coladas em nós, todas estas experiências que fazem com que nós reajamos de tal ou tal maneira diante dos acontecimentos.

Estamos num caminho onde não há nada a inventar, onde não há nada a fazer, a não ser reencontrar nossa verdadeira natureza, resgatar nossa essência de tudo o que a estorva e resgatar nosso espírito de todos estes pacotes de memórias que o obscurecem. Enquanto não virmos as coisas tais como elas são, não poderemos amá-las tais quais são. O que é que nós amamos exatamente, quando pretendemos amar alguém? Nós amamos uma projeção, uma imagem, uma representação conforme nossas concepções limitadas, conforme nossas memórias passadas; nós reconduzimos o outro para dentro do nosso molde, para dentro de nossas pequenas categorias, mas nós não o amamos tal qual ele é.

A qualidade da compaixão e do amor depende da qualidade de nosso espírito e de nosso olhar; sabedoria e compaixão não podem estar separadas. Na tradição cristã, isto se chamará purificação do coração: se nosso coração não é puro, nosso amor não é justo, não é correto. Em todos os antigos monges se encontra este trabalho de purificação do coração, e as impurezas enumeradas por Buda são as mesmas que as citadas por Evágrio Pôntico, João Cassiano e por todos os Padres do Deserto. Para que nossa compaixão seja verdadeira, nós devemos passar pelo trabalho de purificação do coração.

Pergunta: O desejo é uma impureza? É mau?

Primeiramente, é necessário distinguir as diferentes experiências que recobrem a palavra "desejo": desejo egocêntrico, desejo para si; o voto de *bodhisattva* é um desejo, desejar o bem-estar de todos os seres vivos é um desejo!

O desejo mais nobre é, sem dúvida, o desejo do Outro enquanto Outro, um desejo que não exige ser satisfeito, que não é para si; mas há também um desejo feito de necessidades e de exigências. Poucas pessoas têm acesso ao desejo nobre. Em geral, aquilo que nós chamamos de desejo é uma necessidade ou uma exigência, e no budismo a palavra é frequentemente tomada neste sentido. Não é o desejo do bem-estar de todos os seres vivos, o desejo do outro enquanto outro; desejo íntimo que nos habita algumas vezes, raramente, porque justamente nós temos necessidades a satisfazer, perguntas que exigem uma resposta.

É importante entrar nos momentos de vazio, nos momentos de vacuidade em que a gente não pensa, em que a gente não se identifica com aquilo que pensa, em que a gente não pensa nada do outro...

Aquilo que impede a fluidez na relação com o outro são os pensamentos que a gente tem a respeito dele. Para praticar a compaixão, é indispensável não encerrar o outro dentro de nossos pensamentos, pelo menos em certos momentos; na disponibilidade, na vacuidade assim criada, o outro poderá ser o que ele é.

Aquele, cujo espírito não está purificado, somente pode viver no sofrimento e produzir sofrimento; aquele que fala e age com um espírito sadio, claro, purificado, pode conhecer a felicidade para si mesmo e comunicá-la aos outros. Mas não importa qual felicidade! Não essas pequenas felicidades, essas pequenas seguranças que são respostas às nossas necessidades ou às nossas exigências. A felicidade é talvez a resposta a este desejo muito íntimo, muito misterioso, pelo qual nós desejamos o bem-estar de todos, a realização e a libertação de todos os seres. Que todos os seres sejam felizes!... "Que todos os seres sejam salvos. Que eles Te conheçam a Ti, a Realidade, o Último", como se diz no cristianismo.

Como o Cristo, Buda dizia: "Antes de entrar no caminho da compaixão, mudai o espírito, vigiai sobre vosso espírito. Disto vai depender a qualidade daquilo que podereis fazer, daquilo que podereis dar aos outros. Senão, tudo será mais ou menos envenenado, e a veneno se acrescentará veneno".

Jesus dizia: "Não julgueis para não serdes julgados; da mesma maneira com que julgardes sereis julgados". Que é que isto quer dizer? Quer dizer que nós encerramos o mundo dentro de nossos julgamentos, dentro de nossa maneira de ver, e é isto que nos julga, que revela o que nós somos. Nossas reações, nossos julgamentos são os espelhos onde nós podemos nos reconhecer somente a nós mesmos – para ver o "outro", é necessário ultrapassar o espelho, ir além do espelho.

"Um dia vivido na sabedoria e na meditação vale mais do que dez anos vividos na ignorância e na preguiça; um dia vivido na sabedoria e na meditação vale mais do que um século na luxúria e na libertinagem; um dia vivido na sabedoria e na meditação é o que há de mais aproveitável para o bem-estar de todos os seres vivos." A tranquilidade de nosso espírito, o trabalho sobre nossas projeções, a simplificação de nosso ser, de nosso olhar, não somente tudo isto vale mais que dez anos vividos na ignorância ou um século vivido na libertinagem, mas é também o que há de mais útil para o mundo; aí, há germes de tranquilidade para a humanidade inteira.

No contexto budista, dir-se-á que uma meditação correta pode apagar uma vida de mau *karma*. O mau *karma* é a consequência de atos negativos acumulados nesta vida ou nas vidas passadas, nesta memória que obstrui nossos genes, nosso código genético – não é necessariamente uma vida anterior individual, é a memória da humanidade.

Por uma simples meditação, por um verdadeiro silêncio, nós podemos desvencilhar-nos deste pacote de memórias, libertar-nos de nosso passado e do passado da humanidade, ser novos. Um momento de meditação correta pode fazer-nos sair deste encadeamento de causas e efeitos, fazer-nos sair do tempo "passado-futuro". A meditação remete-nos ao eixo daquilo que está além do tempo, ao eixo daquilo que extravasa o tempo. Buda insistiu sobre este ponto: "Não vos preocupeis com vossas vidas anteriores ou com vossas vidas futuras, ocupai-vos com o momento presente. Não estejais preocupados com vosso passado ou com o vosso futuro, estai preocupados com vossa eternidade". Por que ter tanta preocupação por nosso futuro e tão pouco por nossa eternidade? "Não volteis atrás e não vos preocupeis com o dia de amanhã", dizia Jesus.

A libertação, ou o despertar, é que restabelece a história do mundo, dos homens e do universo no eixo vertical da Vida essencial. Estes são, bem seguramente, termos muito espaçotemporais: não está nem no alto nem embaixo, mas "abre" o mundo da causalidade, do encadeamento das causas e dos efeitos, ao mundo do não nascido, do não feito, do não criado – o mundo da liberdade.

Um dia vivido na sabedoria e na meditação pode ser uma ocasião para nós sairmos da ignorância, sairmos deste encadeamento da causa e do efeito, e, se em nós se abre um espaço sobre um além de mim, além da história e do mundo, é como uma abertura, uma brecha de luz no mundo. Isto é que fará dizerem os Padres do Deserto: "Um santo é como uma farpa na carne da história". É como uma ferida de luz que faz com que o mundo não esteja fechado sobre si mesmo, com que nosso ser não esteja simplesmente destinado a morrer. Se o mundo está limitado em si mesmo, tudo o que nasceu morrerá, tudo o que é composto será decomposto. Nosso próprio universo está destinado a decompor-se; talvez restem ainda cinco milhões de anos a viver, mas o que começou acabará.

O papel da meditação e da metanoia é o de criar, neste mundo para a morte, neste ser que é feito para morrer, uma abertura para o que permanece, para o eterno, para o não tempo, para o não criado. Isto pode parecer um pouco difícil de imaginar, trata-se de abrir-se a isto. A meditação é o instrumento que permitirá que isto se torne Realidade na experiência.

Buda dizia: "Em verdade, o ódio jamais se tranquiliza com o ódio. O ódio se tranquiliza pelo amor, é uma lei eterna". E o Cristo dizia: "Abençoai e não amaldiçoeis, amai vossos inimigos". Está aí uma observação: não há nada a crer, é necessário verificar. O ódio não pode gerar outra coisa a não ser ódio. Em contrapartida, o amor e a paciência podem transformar alguma coisa deste ódio: "Vence a ira (sê mais forte do que a ira) pelo amor, o mal pelo bem, conquista o avarento pela generosidade e o mentiroso pela verdade", diziam os Padres do Deserto; e São Paulo dizia: "Dize a verdade, não te abandones à ira, dá um pouco do que possuis àquele que te pede". Pode-se concatenar isto com o Evangelho: "Se alguém te pede para andar uma milha, anda com ele duas. Pede-te ele a túnica? Dá-lhe também teu manto". Quando a pessoa é livre (nem contraída em si nem apegada), quando ela deixa o fluxo da vida e do amor escoar através de si, então se manifesta a essência mesma do ser, a essência mesma da generosidade que nos habita. É uma experiência que vale a pena ser vivida.

"Não vos ocupeis com as faltas dos outros nem com seus atos nem com suas negligências, estai antes conscientes de vossos próprios atos e de vossas próprias negligências." "Por que tu olhas a palha que está no olho de teu irmão e não vês a trave que está no teu?" Quer a gente cite o *Dhammapada* ou o Evangelho, há o Real a viver, um pouco mais do que bom-senso.

Nós envenenamos a nossa vida e o nosso olhar, quando sempre vemos o que vai mal com os outros, porque nós nos impregnamos do mal. Tornar feio o mundo é tornar feio a si mesmo. É a imagem no espelho; o espelho reflete aquele que olha em sua direção. "A pessoa torna-se aquilo que olha, torna-se aquilo que ama", isto não deixa dúvida; daí provém a importância de vigiar sobre a orientação de nosso espelho interno. É o começo da prática.

"Ele me insultou, ele me bateu, ele me humilhou, ele me roubou"; aqueles que vivem em tais pensamentos vivem no ressentimento e na dor; "ele me insultou, ele me bateu, ele me humilhou, ele me roubou"; aqueles que não se entretêm em tais pensamentos moram na paz. A palavra-chave é *entreter*. Ser espancado, insultado, humilhado, roubado não depende de nós; o que depende de nós é entreter-nos ou não nesta ideia de que "ele me humilhou, de que ele me bateu, de que ele me fez mal".

Não podemos evitar certas circunstâncias e aventuras desagradáveis de nossa existência; fazem parte dela; o importante é não nos entretermos na dor. Se nós não nos entretivermos nos nossos sofrimentos, nos nossos pensamentos e nos ressentimentos que esta dor desperta em nós, ela poderá diminuir.

Pode-se aproximar isto de uma palavra do Evangelho: "Que tua mão direita não saiba o que faz a tua esquerda". Isto é tão verdadeiro dos sofrimentos que nos podem sobrevir quanto do bem que podemos fazer. Viver as coisas sem ego equivale a dizer que não há o "eu" para entreter-se com o sofrimento, para aumentar a dor. Antes de fazer o bem, a pergunta primordial é: Como não aumentar o sofrimento? Como não prejudicar? Porque na fonte do prejuízo – aquilo que faz aumentar a dor – há o "eu", o mental, um pensamento que se acrescenta ao acontecimento.

"Que vosso sim seja sim, que vosso não seja não", ou mais exatamente, em latim primeiro: *Est, est, non est, non est*; e em português: "O que é é, o que não é não é." Esta palavra é atribuída ao Cristo, e, seis séculos antes dele, Buda a utilizava para definir o *nirvana*: "Ver as coisas tais quais elas são; isto é, isto é, isto não é, isto não é".

A via da compaixão é a de um homem ou de uma mulher que procura com firmeza o despertar, o não sofrimento, a felicidade, não somente para si, mas para os outros, que tenta libertar-se de suas disposições "egóticas" – que consistem em ver todas as coisas em relação a si –, tenta libertar-se deste "eu" que nunca está satisfeito e que pede sem cessar e que exige sempre mais.

6
As cinco motivações

6.1 O "desejo dos deuses"

Se alguém se interessa por uma vida espiritual, é porque deseja sair do mal-estar e do sofrimento: a pessoa não se sente bem e não compreende de onde vem esse mal-estar; decepcionada por todas as espécies de procura, tenta uma nova via que talvez surgirá para nós do sofrimento; ocupando-se com os outros antes que consigo mesmo, talvez a pessoa sofrerá menos. Se nos ocuparmos unicamente com nós mesmos nos deixa sempre insatisfeitos e não nos traz a felicidade, é porque nós nos extraviamos. Nós bem sentimos que a felicidade não depende somente de nós, que ela pertence a uma consciência infinitamente mais vasta. Nós estamos aqui numa atitude egoística: não sendo felizes, não estando em paz, nós procuramos completar uma lacuna.

A tradição tibetana chama esta primeira motivação de "desejo dos deuses", a nostalgia do paraíso perdido. E esta nostalgia não é sem vínculo com a mãe ou com o seio materno, com a busca de um estado indiferenciado; ela é da ordem da necessidade. Nós buscamos o paraíso ou o estado que o simboliza – o estado das divindades cordiais, dentro do contexto do budismo –, sem problemas nem preocupações. Esta motivação é legítima, mas ela não é mais do que uma etapa.

6.2 O desejo do despertar

Nossa motivação pode, em seguida, purificar-se, tornar-se mais profunda. Para além do desejo de uma felicidade ausente, para além do não sofrimento e da paz que nós gostaríamos de alcançar, para além da felicidade de um ego, de um "eu" que realizou um certo número de coisas, há em nós um desejo de evolução, um desejo de despertar. Aquilo que nós começamos a procurar e que vai se reanimar em nós para nos conduzir para além do "eu" é uma felicidade mais ampla. Quando a pessoa alarga o espaço de sua tenda, o ego se torna poroso, ele se abre mais.

Esta experiência é também de ordem física: quando, por exemplo, você passa mal dos rins, se alguém que está ao seu lado coloca as mãos sobre seus rins dizendo-lhe: "dê-me seu sofrimento, saia dos limites de seu corpo", você sentirá a dor amainar, como se ela se transformasse, como se ela se pacificasse, visto que cessaria de estar encerrada no corpo. É bom lembrar-se disto, quando a gente acompanha um doente ou um moribundo. Oferecendo-lhe, pelo contato ou pela presença, uma abertura de nosso ego e de nosso "eu" corporal, nós permitimos a alguém que se resgate, que se abra ao bem-estar, que se sinta aliviado.

Estar numa atitude de compaixão é ser capaz de receber, de acolher o sofrimento que o outro nos causa. Porque não lhe tiramos o sofrimento, mas oferecemos-lhe a possibilidade de sair de si, de sair deste enclausuramento no qual se cultiva o sofrimento.

6.3 O desejo "desinteressado"

A terceira motivação é esta mesma aspiração ao despertar, mas sem a preocupação de aperfeiçoamento pessoal, porque o desejo de ser sem ego é ainda um desejo do ego: um "eu" que quer ser melhor do que o "eu"! É uma atitude caricatural que, muitas vezes, se encontra em pessoas que se creem muito avançadas no caminho espiritual: "Eu não tenho mais o ego!" Pode-se falar de "materialismo espiritual", de "inflação sutil": o "eu" se toma pelo "ele", a rã se torna tão grande como o boi.

Nesta terceira atitude, a pessoa nem mesmo pretende ser sem ego, sentir-se bem ou conhecer o despertar... Não! Isto nasce da felicidade e do desejo de ser mais feliz. Quando nos engajamos na via, é bom e justo ter vontade de sair do sofrimento e de conhecer a felicidade, mas, gradativamente e à medida que avançamos, percebemos que o fato mesmo de desejar a felicidade é um obstáculo à felicidade, que desejar o despertar é talvez justamente o que nos impede de nos despertarmos.

É no coração do desejo de felicidade e de não sofrimento que vamos descobrir que o desejo da felicidade última do despertar é ainda "egocêntrico", que a ideia que nós fazemos da felicidade e do despertar pode impedir-nos de degustá-la no momento em que ela se apresenta. O *bodhisattva* está sempre nesta impulsão ou neste *élan* interior, mas sem a preocupação de seu próprio despertar, de seu próprio aperfeiçoamento ou de sua realização individual. Seu alvo permanece o despertar, mas desnudado de todo interesse pessoal; ele se coloca à disposição dos outros. É possível não procurar seu interesse pessoal? Nós estamos raramente nesta espontaneidade desinteressada, nossa motivação de partida é sempre misturada.

6.4 A "gratuidade"

Chega um momento em que verdadeiramente experimentamos o prazer de fazer as coisas para o outro, sem pensar em nós mesmos, espontaneamente. Há no nosso desejo alguma coisa que não busca ser completado, que não busca sequer ser feliz: é o desejo do outro em sua própria alteridade. Tocamos, então, na essência do desejo, naquilo que ele tem de mais profundamente humano, de quase divino, e estamos fora dos limites do funcionamento de um "eu" ordinário. Em nosso modo habitual de funcionamento, somos gentis, fazemos o bem para daí recebermos, é dando, dando! Quando saímos deste funcionamento, opera-se uma transformação do coração que nos torna capazes de agir e de fazer as coisas gratuitamente pelo outro, sem preocupação consigo.

Tratar-se-á de despertar em nós esta motivação, tratar-se-á de entrar pouco a pouco neste voto. Quando prestamos um serviço a alguém, raramente podemos impedir que sintamos uma certa autossatisfação (Eu faço o bem! Nós fazemos o bem!), uma espécie de contentamento interior, muitas vezes, muito sutil! Introduzir o voto de *bodhisattva* é dizer: "Faço isto por nada, gratuitamente, por amor ao ser, para deixar o Vivente ser em mim". E aí tocamos numa qualidade de uma outra ordem: a gratuidade. Diante de um ato difícil, desagradável, lembrar-se que alguém o faz livremente e por nada, desperta e apela em nós para uma qualidade de energia que não é a do ego, que não é aquela do "eu".

Dentro do contexto budista, a pessoa faz o bem para ter um bom *karma*, pois os atos nefastos arrastam consequências nefastas, fazer o mal ao outro redunda em fazer mal a si mesmo. "O que se semeia se recolhe!", diz o Evangelho. A nocividade, o mal e a infelicidade que nós semeamos voltarão num dia ou noutro, e até mesmo já conhecemos o resultado. Podemos verificar isto em nossa existência: os atos não justos que realizamos num certo momento nos voltam, algumas vezes, anos mais tarde, e se repetem até que nós os tenhamos transformado.

O primeiro motivo é de não prejudicar para não se constituir um mau *karma*. Seja positivo, seja negativo, nada se perde. Agir com bondade, com generosidade, com paciência é constituir um bom *karma,* para se preparar um renascimento num mundo melhor ou para não mais voltar no espaço-tempo, para sair do mundo da causa e efeito e alcançar a beatitude, o *nirvana*, o estado de límpida e clara luz. Estas motivações interessadas ou interesseiras não podem ser negadas, elas permanecem na lógica das leis da causa e do efeito.

6.5 Partilhar

Uma outra motivação que se pode colocar na moldura das motivações interessadas: "Se os seres vivos conhecessem os frutos da recompensa final da generosidade e das doações como eu os conheço, certamente eles não gostariam de cessar de doar aos outros, de partilhar com os outros até mesmo o último bocado de alimento". Buda toma o exemplo do alimento, mas podem-se acrescentar outras realidades: tudo o que eu possuo, se não o partilho, não posso saboreá-lo na sua essência. Posso ser feliz totalmente só, mas menos bem; posso olhar uma paisagem completamente só, é evidente, mas eu a degustarei melhor, se estiver acompanhado da presença e do olhar do outro; posso viver sem você, mas talvez um pouco menos bem...

Alguém pode viver sua própria libertação, trabalhando sobre si mesmo, mas viverá menos intensamente quando se fecha aos outros. O próprio Buda faz observar que esta abertura aos outros é uma das condições de nossa felicidade, de nosso progresso nesta vida e nas seguintes. Ele não faz diretamente apelo a esta qualidade interior de gratuidade, mas enumera um certo número de considerações para dizer até que ponto fazer o bem aos outros resulta em fazer o bem a si mesmo. Amar seu próximo como a si mesmo é tratá-lo como se trata a si mesmo. Tratar o outro com a mesma atenção que temos para com nosso próprio corpo não pode senão ser de proveito ao nosso próprio corpo – cuidar do outro é cuidar de um membro de si mesmo, é uma visão não egocêntrica, não fechada no "eu".

7
As quatro considerações

7.1 A mesma família

A primeira consideração é talvez a mais estranha aos ocidentais: esta pessoa que eu teria tendência a odiar era talvez meu pai ou minha mãe numa outra vida... É difícil encontrar um ser que não tivesse sido meu pai, minha mãe, meu irmão, minha irmã, minha filha... em uma vida anterior! Estamos num contexto onde a família é infinitamente preciosa.

Quando, para explicar o que é um *bodhisattva*, Buda dá um exemplo da mãe que cuida de seu filho, é porque ela é a melhor imagem do amor gratuito; a mãe busca antes de tudo, espontânea e naturalmente, o bem de seu filho. Certamente, conhecemos bem certas mães que tiveram filhos para elas, para produzirem um objeto que ama, para serem amadas... Nesse caso, as pessoas nem sempre têm filhos para eles mesmos; mas os têm para si, para reconciliar um casal, para produzir alguém que nos dê o amor que nossos pais não nos deram...

Quando a tradição budista fala da importância do papel da mãe ou do pai, trata-se verdadeiramente de um bom pai e de uma boa mãe – para alguns, estas imagens serão talvez difíceis, até mesmo dolorosas. Quando Buda diz: "Presta atenção a esta pessoa, porque ela pode ser tua mãe", isto significa que não se deve fazer mal àquela que lhe quer o maior bem.

Pergunta: Quando sabemos que algo nos faz bem, isto não impede que façamos mais bem ao outro?

É necessário aceitar as duas coisas: aceitar que isto nos faça bem e que faça bem ao outro. Por que opor, já que não há o um nem o outro? É preciso ver as coisas progressivamente.

Há um momento em que o muro entre mim e o outro se desfaz: "fazer o bem a si e fazer o bem ao outro" torna-se então uma falsa questão, porque o outro e eu não fazemos senão um só; é a mesma vida que anima nossos dois corpos. Fazer o bem ao outro é verdadeiramente fazer o bem a si mesmo; fazer o bem a si mesmo é verdadeiramente fazer o bem ao outro – descobre-se a si mesmo ligado ao universo.

Nós estamos ligados, interligados. A física contemporânea fala de interconexão de todas as coisas. Fazer bem a um elemento do universo é efetivamente fazer o bem a todo o universo; fazer o bem a uma árvore é fazer o bem ao meu ser vegetal. Não estamos separados uns dos outros. Destruir o meio ambiente é destruir-nos e destruir o mundo. Colher o talo de uma erva é desarrumar uma estrela. Isto não é unicamente qualquer coisa da poesia, é da física.

O argumento apresentado por Buda é um pouco diferente: ele faz apelo à sensibilidade, à emoção das pessoas, não imaginando que um filho possa fazer mal à sua mãe ou que uma mãe possa fazer mal a seu filho. Quando ele diz: "Experimenta pensar que os seres que tu encontras talvez tivessem sido tua mãe, teu irmão, etc.", isto significa que somos todos da mesma família.

A compaixão tem alguma coisa de maternal ou de paternal. Podemos experimentar todas as nuanças de sentimentos, e daí concluir que somos efetivamente a mesma família, sem para isso termos necessidade de imaginar que esta pessoa devia ser nossa irmã ou nosso irmão numa vida anterior e que é então necessário mostrar-nos prudentes. Um homem dizia-me um dia: "Descobri que a mulher que desposei era minha irmã numa vida anterior, e isto é mal! É necessário que eu escolha alguém que seja verdadeiramente minha mulher [...]".

A explicação pelas vidas anteriores pode certamente resolver alguns de nossos problemas, mas pode também complicá-los. O que Buda parece indicar é que todos nós fazemos parte da mesma família. Ele desperta em nós sentimentos fraternos ou maternos, sentimentos que, segundo ele – a não ser que esteja doente ou terrivelmente infeliz –, não podem fazer mal ao outro.

7.2 Comunidade de destinos

A segunda consideração que, segundo ele, pode empurrar-nos para a via da compaixão é que nós partilhamos o mesmo destino: aquilo que experimento, o outro pode experimentá-lo, o sofrimento que o outro padece, posso senti-lo, porque eu também sou um ser frágil que já esteve doente, eu também conheci a absurdidade, a violência, a morte e, por conseguinte, quando alguém vive isto, eu posso compreendê-lo a partir de minha própria experiência: nós partilhamos o mesmo destino.

Nada daquilo que é humano nos é estranho. A profundidade de nossa compaixão é proporcional ao que temos vivido. Creio que alguém que se conheça verdadeiramente não julga os outros, porque ele viu nele as fontes da mentira, as fontes do crime; as nocividades deste outro que a gente diz que é mentiroso, ladrão, criminoso, ele as vê como alguma coisa que pertence à humanidade, como um sofrimento que, às vezes, o atinge.

"Ele não sofreu, ele não pode compreender!" Há alguma coisa de verdadeiro nesta reflexão: é preciso ter sofrido para bem compreender o sofrimento, é preciso ter passado fome para saber o que é a fome, é preciso ter estado preso para conhecer a dor do aprisionamento, é preciso quase soçobrar na loucura para saber o sofrimento que ela é. Somente o semelhante conhece o semelhante.

Os bons terapeutas são aqueles que estiveram doentes e recobraram a saúde, mas não é o fato de que eles tenham sofrido que muda as coisas. Se uma pessoa lhes diz que está doente e vocês respondem: "eu também", isto não a alivia. Arruinar-nos juntamente com o outro não nos faz atingir a outra margem! O que é necessário é atingirmos cada um lá onde ele está e acolhermos seu sofrimento, para dar-lhe um pouco da força de cura que nos permitiu sair dele, que faz com que hoje nós estejamos talvez na outra margem, que nós soframos menos e que no coração da absurdidade nós conheçamos um pouco de paz.

"Considerando os outros como a vós mesmos, não façais o mal." É o ensinamento do *Dhammapada* e também o do Evangelho.

7.3 A precariedade da existência

A terceira consideração que pode ajudar-nos a nos ocuparmos mais dos outros e menos de nós mesmos é a sensação da precariedade de nossa existência. Estamos de passagem num mundo transitório. Por que ter tanta preocupação para com aquilo que não durará? "Meu cofre-forte não chorará no dia de meu sepultamento!" Quando a pessoa se desliga daquilo a que está apegada, torna-se livre, torna-se capaz de dar e de receber.

Esta experiência de impermanência ou de não permanência que todos nós partilhamos desperta um certo "humor", um certo recuo diante dos acontecimentos. A gente não pode tomar as coisas muito a sério, mesmo quando elas são graves. O sofrimento daquela pessoa que se contorce de dor é certamente muito trágico, mas ele é também não permanente!

Se não acrescentarmos ao sofrimento nosso gosto pela tragédia, isto nos impedirá de exaltá-lo e de "fixá-lo". Se não entrarmos na emoção do outro, não acrescentaremos nossa dor à sua dor: "Eu sofro como tu sofres". É necessário, às vezes, acolhê-lo e não se identificar com ele. A consideração da não permanência pode ajudar-nos a obter esta serenidade: este sofrimento não durará para sempre.

É preciso amar seu próximo como a si mesmo, mas também amar-se a si mesmo como a um outro; ter cuidado para com o outro como para consigo mesmo e ter cuidado para consigo mesmo como se se tratasse de cuidado para com o outro. Falar a nossos membros doloridos e às nossas células doentes como se fôssemos o corpo amado de um outro é uma boa técnica que reúne certas práticas contemporâneas. "Se estou infeliz, isto é um mau momento a passar, mas passará". Quando a gente está no sofrimento, não vê saída, tem a impressão de que isto durará para sempre, que não tem fim. No entanto, mesmo que dure, a dor não é eterna. Tudo passa.

A consideração da não permanência de todas as coisas ajudar-nos-á a apegar-nos menos à nossa própria felicidade, porque ela também é não permanente: gostaríamos que ela durasse, e vê-la escapar torna-nos infelizes. Não é preciso tampouco levar muito a sério as nossas dores e as do outro. Isto nada tem a ver com indiferença: se a gente não toma suficiente recuo, corre o risco de ser carregado, sufocado pelo sofrimento. Nada está destinado a durar no mundo composto que vai decompor-se. O próprio mundo não está destinado a durar, nem as estrelas, nem o sistema solar. Por que apegar-se, por que idolatrar as coisas?

Na linguagem bíblica não se fala de não permanência, mas de idolatria. O perigo da idolatria é o de tomar por Deus, por Absoluto, qualquer coisa que tem uma vida totalmente relativa. A felicidade e o sofrimento fazem parte destas realidades relativas.

O descanso que resulta desta tomada de consciência tornar-nos-á mais "eficazes". Se não nos apegarmos à felicidade, seremos mais felizes, acolhê-la-emos com mais gratidão, quando ela se apresentar. Se considerarmos a presença do outro como um débito (ele não vem ver-me... ela não me escreve), seremos infelizes: o outro não pode sempre responder à nossa espera e às nossas necessidades. Se, pelo contrário, o outro não nos deve nada, quando ele nos escreve, quando nós o podemos reencontrar, mesmo por pouco tempo, degustaremos plenamente o momento.

Considerar que a felicidade e a infelicidade fazem parte da não permanência vai despertar em nós, ao mesmo tempo, uma qualidade de compaixão e uma qualidade de presença junto aos sofrimentos do outro: esta pessoa de quem eu cuido não estará sempre no estado de sofrimento, eu posso fazer alguma coisa para que ela se sinta melhor. Quando alguém diz de um esquizofrênico que ele não sairá dessa situação, isto é falta de senso de não permanência. Esta estrutura patológica dolorosa pertence ao tempo: ela também é não permanente, e uma pessoa pode viver melhor com ela. O importante é não coisificar os seres, não fixá-los dentro de tal ou tal comportamento, dentro de tal ou tal atitude. Desconfiemos das "etiquetagens" que substituem os diagnósticos!

Quando a gente acompanha um moribundo, é importante saber que, se ele morre, é porque ele é mortal e porque ele está na natureza de morrer. Não se trata de abandoná-lo, mas de permitir-lhe que morra nas melhores condições possíveis. Por que agir como se ele fosse imortal? É mentir para ele e mentir para si mesmo. Certos médicos dão, muitas vezes, a impressão de que seus pacientes não deveriam morrer: como se a morte não fizesse parte da vida, como se esta passagem, esta transformação de um ser não permanente não fosse também alguma coisa a viver do melhor modo possível, e que a gente viverá justamente com menos dor, quando aceita morrer.

Entre as etapas que precedem a morte, etapas evocadas por Elisabeth Kübler-Ross, há este momento em que a pessoa aceita a ideia de que vai morrer: então alguma coisa no corpo e no psiquismo se distende, cessa de sofrer, se abre para além do ser mortal e não permanente; não se identifica mais com o organismo físico e com o seu inevitável devir.

Somos não permanentes, partilhamos a mesma vida de sofrimento e de felicidade, pertencemos a uma mesma família. A vida é curta, por que envenenar nossa existência? Por que causar sofrimento a si próprio?

7.4 A natureza de Buda

Uma outra consideração, mais alta, consiste em ver que a natureza do Despertar está presente em todo o ser, que "todos nós partilhamos a natureza do Buda". Dito de outra maneira: no coração da criatura há o incriado, no humano há o divino.

É necessário sair do medo, da rejeição e da proteção, esta atitude do "eu" ordinário, que geralmente polui nossas relações com o outro. Se alguém desenvolve esta atitude de acolhida e de abertura, o outro deixará de ser um estranho que ameaça, porque verá sua natureza de Buda, sua potencialidade de despertar; olhará como um ser divino. "Tudo o que fazeis aos mais pequeninos é a mim que vós o fazeis", dizia o Cristo. Eis por que aquele que percorre o caminho da compaixão olha o outro naquilo que ele tem de melhor, naquilo que ele tem de mais puro.

Um bom terapeuta não olha "somente" a doença, mas também o que está em boa saúde num doente. A expressão "cuidar do ser", que se encontra nos Terapeutas de Alexandria, pode parecer paradoxal, porque ela torna a dizer: "É necessário cuidar de Deus no outro!" Cuidar de Deus... O que é que isto poderia significar?

Cuidar de Deus no outro é crer e experimentar que o outro vai curar-se a partir do ponto de saúde que há nele. Quando se fala da natureza de Buda em nós, trata-se deste algo em nós que não está doente, deste algo já despertado, deste algo não nato, não condicionado. Nós já estamos salvos, já curados, em boa saúde, mas não o sabemos, não fazemos a experiência disto – a experiência da salvação (*soteria*) é o Espírito Santo em nós.

Não é o médico que cura, mas a natureza. O terapeuta, seja quem ele for, coloca a pessoa que sofre em condições que permitirão à natureza aliviá-la. É o Ser que cura a partir do interior. Isto supõe, da parte do terapeuta, ou daquele que está numa caminhada espiritual – aquele que trabalha para o bem-estar de todos os seres vivos –, que saiba que o bem-estar já está aí, e que, portanto, não é ele quem o traz.

Devemos repetir para nós mesmos cada vez que cuidamos de alguém: nós não vamos curar a pessoa, nós simplesmente vamos criar as disposições mais favoráveis para que possa operar nela aquilo que é são. Não somos nós que vamos trazer aquilo que há de mais precioso, pois isto já se encontra na pessoa. "Há no meio de nós alguém que nós não conhecemos", há em nosso coração uma dimensão de vida, de plenitude, de paz que nós jamais saboreamos.

Esta consideração nos permite cuidar dos outros sem desesperar, porque o desespero nos espreita neste caminho. Quando alguém vê todos os sofrimentos do mundo, diz a si mesmo que nunca chegará a não desesperar! É necessário, no entanto, crer que a saúde será mais forte, que a felicidade terá a última palavra; mas isto supõe uma certa experiência do despertar ou da libertação (*soteria*) naquele que acompanha uma pessoa que sofre.

Na tradição cristã, fala-se de espírito de Cristo, da natureza de Cristo, do ser de Cristo: "Onde estou, quero que estejais também vós [...]. Tudo o que fazeis aos mais pequeninos dentre os meus é a mim que vós fazeis". Está perfeitamente claro: quando a gente faz alguma coisa a alguém, não a faz somente a este alguém que está aí, faz também ao Cristo que está nele, que é o seu essencial "Eu sou". Todo ser, seja ele quem for, é portador da natureza de Cristo, da natureza divina. Em todo ser, há esta Presença daquele que é livre, daquele que está salvo; então, pode-se agir sem estar desesperado: quando a gente faz alguma coisa a partir do exterior, algo "coopera" também a partir do interior.

Donde a importância da oração em todos os atos que a pessoa faz, chamar no outro a Presença, o despertar de seu Espírito, porque é a partir do interior que ele pode ser curado. Diante de certas doenças mentais difíceis, dolorosas, a gente sabe que nada pode a partir do exterior; tudo o que é dito ou feito corre o risco, pelo contrário, de fortalecer ainda mais o delírio. Mas pode chamar, no interior daquele que acompanha, o Ser que sabe curá-lo e salvá-lo. Esta forma de oração se chama intercessão.

Se, sendo budista, vemos um indivíduo como portador da natureza de Buda, é-nos possível comunicarmo-nos com ele, não ter medo dele. Se, sendo cristão, vemos o Cristo presente em cada ser que encontramos, isto nos tranquiliza, e nesta confiança não natural nós podemos tornar-nos eficazes. Verifiquem! Se com o coração vocês reconhecem o Cristo em alguém particularmente desagradável que lhes diz coisas infames, vejam o que se passa... É bastante curioso e completamente benéfico para os dois!

É preciso, portanto, não somente ver a não permanência que está em cada um de nós, não somente saber que todos nós "embarcamos" no mesmo universo e que somos dependentes uns dos outros – quer nós queiramos ou não –, mas também levar em consideração que há em nós alguma coisa de livre, de não condicionado, de não dependente: isto pode ajudar-nos a trabalhar para o nosso despertar e para o despertar do outro. Nesta atitude, tomamos consciência daquilo que é simultaneamente bom para os outros e bom para nós; é a doutrina do duplo benefício: fazer o bem a si é fazer o bem aos outros, e vice-versa.

Antes de querer salvar uma pessoa, é necessário ter cuidado de si próprio como parte integrante de um todo, ter cuidado do nosso corpo, este pouco de matéria que nos foi dado, esta parcela do universo que nos foi confiada e pela qual somos responsáveis, mas não como uma parte fechada sobre si mesma – isto é o impasse. Quando temos cuidado do outro pelo fato de que ele também pertence ao todo que nós somos, então se manifesta o duplo benefício. O amor a si mesmo e o amor ao outro tornam-se um só e mesmo amor. Não há dois amores, há o amor que ama o outro e, neste amor, a gente desperta para uma dimensão de felicidade.

Pode-se amar a si mesmo, mas não para si mesmo... Amar-se a si mesmo para si mesmo é tornar-se incapaz de ser feliz; amar-se a si mesmo para os outros, para o mundo, para a vida do mundo é, talvez, a chave da felicidade para si mesmo, mas também para os outros; o ego, a estrutura mental na qual estamos enclausurados abre-se, instala-se a comunicação entre mim e o outro, pouco a pouco descobrimos a unidade de todos os seres vivos.

Uma certa inteligência nos é dada. Trata-se de cultivá-la e de tranquilizá-la. Vocês perceberam talvez a diferença? A postura permanece a mesma, a gente está no mesmo silêncio, mas, à medida que a gente medita para si mesmo ou com esta abertura para o outro, para o universo, a qualidade interior muda. Na via da compaixão, a gente insistirá sobre o fato de que jamais a gente medita para si mesmo, porque esta meditação poderia ser ainda um meio de construir sua bolha, de reforçar seu ego. Mesmo na tradição zen, que insiste na postura, se encontra este voto de benevolência em relação com todos os seres.

Antes de entrar na postura e de prolongar-se numa meditação silenciosa, o leigo pronuncia um voto: "Por mais numerosos que sejam os seres, eu faço o voto de conduzi-los todos ao despertar;

por mais numerosos que sejam os sofrimentos e os padecimentos, eu faço voto de vencer a todos eles; por mais numerosos que sejam os *dharmas* (os exercícios) a realizar, eu faço voto de executá-los todos; por mais difícil que seja a via de Buda para o despertar, eu faço voto de percorrê-la até ao seu término". Evidentemente, isto faz muito... e o ego pode ainda recuperar isto!

É importante voltar a isto: não se trata de querer fazer o bem ao outro – nós conhecemos esta pequena frase, algumas vezes entendida e experimentada, ou que chega até a nos surpreender em nossos próprios lábios: "É pelo teu bem!" Nós sabemos todo o mal que estas palavras podem fazer... Na gênese do caráter de um certo número de tiranos, observa-se que muitos são pais que querem fazer o bem a seus filhos (cf. Alice Miller)! Na via da compaixão, não se trata de fazer o bem do outro contra sua vontade, mas de fazê-lo sem se impor ou, melhor ainda, trata-se de "fazer o bem sem querer fazer o bem". É preciso cuidar para estar sempre nesta atitude onde nada é imposto: para isto, basta abrir-se a uma qualidade de ser e de energia que deseja a felicidade do outro, mas unicamente na forma que é a melhor para ele.

Pergunta: o Cristo ficou encolerizado contra os mercadores do Templo. Moisés encolerizou-se... Não estariam os homens de hoje fazendo um mau uso da casa do Pai? Em que momento se pode ou se deve ficar encolerizado? Um bodhisattva fica encolerizado?

Sem falar do Cristo, de Moisés ou do *bodhisattva*, olhemos nossas próprias cóleras e vejamos o que as provoca. A criança fica com raiva, porque não consegue aquilo que quer, está infeliz, porque alguém lhe resiste e porque as coisas não lhe vêm no momento em que ela as espera; há irritação, é a cólera de um "eu". Este tipo de cólera está geralmente ligado à imaturidade: não suportamos que o outro seja diferente, que ele nos oponha resistência ou que as coisas não andem como nós queremos.

Diante da injustiça, a gente sente subir em si um outro tipo de cólera. Quando a gente vê alguém ser pisoteado, ser desprezado há, de fato, duas possibilidades: seja a de nada falar, a de não reagir – isto nada tem a ver com a não violência, com a bondade, com a compaixão, mas muito mais com a covardia –, seja, pelo contrário, a de se expressar com força, num tom próximo da cólera, que seria muito mais justo. Esta cólera é a de um *bodhisattva* ou de alguém como o Cristo; não é a cólera de um "eu" que se irrita, mas a cólera do "Ele", do Amor rebaixado, humilhado.

Amar alguém não consiste em ser sempre gentil com ele, mas pode também consistir em sacudi-lo. Creio que, se o Cristo se encoleriza naquele momento, é justamente porque ele ama aos homens, assim como ama também aos mercadores que são exatamente, por sua vez, os que impedem outras pessoas de virem rezar – esse adro era o lugar onde os não judeus tinham o direito de vir rezar. Esta cólera lembrava, portanto, que a meditação e a oração não eram reservadas a alguns escolhidos, mas que todo homem tinha aí o direito de rezar.

Qual é a origem de nossa cólera? É o "eu" que defende seu território ou é o bem-estar de todos os seres vivos que é a sua causa? Diante de uma injustiça intolerável, o *bodhisattva* fica encolerizado, mas esta cólera não deixa vestígio nele, não deixa perturbação, ao passo que, quando nós nos encolerizamos – nós gritamos, choramos, quebramos coisas –, guardamos isto por muito tempo no nosso interior, nós ruminamos, nós nos sentimos "machucados" até mesmo em nosso corpo.

Pergunta: No mundo de hoje, não seria necessário encolerizar-se?

Não existe "é necessário" ou "não é necessário", basta não mentir a si mesmo. Em certas situações, a cólera é a atitude justa; em outras, ela não o é, porque ela somente contribui para aumentar a violência. No primeiro caso, naquele em que a gente quer verdadeiramente o bem do outro, a cólera, "desbloqueia" o conflito e faz tomar consciência; no segundo caso, ela só faz aumentar a perturbação, agravar o conflito.

Pergunta: Qual é a articulação entre o que o senhor diz e a dimensão política do homem?

Não posso responder a esta pergunta de maneira geral, porque isto suporia que exista alguma coisa que é um bem em si; ora, estou justamente dizendo que nenhuma coisa é boa ou má em si. Não lhes digo que encolerizar-se seja um bem ou um mal. A atitude justa é aquela que se ajusta. Se eu lhes dissesse: "Esta atitude é justa e aquela é injusta", isto seria verdadeiro em certas situações, falso em outras!

É por isso que falar de não violência de maneira geral e dogmática pode ser perigoso e a ocasião para muita covardia. Certas pessoas utilizam a linguagem da não violência para dispensar-se de agir com compaixão, com força e com equidade. A compaixão é também a força; viver esta compaixão exige uma grande energia. Jesus disse: "Bem-aventurados os mansos", ele não disse: "Bem-aventurados os 'moles'". No que se refere à articulação entre este clima de benevolência, de compaixão interior e às decisões políticas, há coisas que, sem cessar, exigem que se ajustem, e isto não é cômodo! O que foi bom para um dado momento pode ser mau para um outro. Nós estamos numa via onde o mental – aquilo que é preciso fazer, aquilo que não é preciso fazer – deve permanecer sempre pronto a colocar-se de novo em questão diante da situação real.

Pergunta: Se o senhor estivesse em 1940, sabendo o que sabe hoje, qual seria sua atitude diante de Hitler?

Não sei nada disso. Talvez eu estaria morto, talvez não, é-me impossível saber. É fácil hoje dizer o que seria necessário fazer ou não fazer, mas não estamos mais "em situação" como estavam os homens e as mulheres daquela época.

O importante é despertar em nós uma qualidade de vigilância, de presença ao presente, de presença àquilo que é, para permanecer numa atitude justa. Da mesma maneira, após uma formação em que foi explicado o que seria necessário fazer ou não fazer quando a gente acompanha um moribundo, se a gente chega com estas ideias na situação precisa, aquilo que se previu não funcionará, porque não está ajustado.

Esta noite, por exemplo, talvez vamos encontrar alguém que seja perigoso, criminoso; não se tratará de deixá-lo fazer o que quiser sob pretexto de que a gente seguiu um estágio de compaixão e dizer: "Eu tenho compaixão de ti, deixo-te fazer tudo o que tu queres". Não. "Tenho compaixão de ti, eu não quero que tu te tornes pior do que és, e há talvez alguma coisa a fazer para te impedir de seres prejudicial." É preciso colocar certas pessoas fora da condição de prejudicar. Colocar alguém na prisão não é forçosamente mau; aconteceu que me foi dito: "Faça alguma coisa! Mande-me prender, porque eu vou quebrar tudo, vou fazer o mal".

Um ato de compaixão é "fazer alguma coisa", mas eu me reservarei o direito de não dizer o quê, porque somente há casos particulares. Poder-se-ia assim tomar cada coisa grave da existência, o aborto, a eutanásia, todas estas coisas de que se diz: "Isto é um bem, isto é um mal!" Em certas situações, é nefasto, destrutivo, em outras, isto evita um mal maior.

Nós estamos numa via onde não há generalidades. As generalidades existem para tentar esclarecer o nosso julgamento: a atitude justa será aquela que melhor se ajustar à situação precisa. É um acordo entre o que eu penso verdadeiramente e o que está dentro de meu coração, trabalhado, disposto a uma qualidade de compaixão, mas não separado da verdade e da justiça; o amor sem a justiça corre o risco de ser um amor sentimental e emotivo, não um amor criador das melhores condições de vida para todos.

É por isso que é necessário tentar reaproximar-se desta atitude em que a gente faz o bem sem querer fazer o bem; pode-se até mesmo chegar a ponto de alguém fazer o bem sem o saber! É nestes momentos que nós somos melhores: o que passa através de nós é melhor do que nós; não é o "eu limitado que quer fazer o bem", mas esta natureza, esta energia, este espírito que se desdobra através de nossos gestos, através de nossos atos.

Quando dizemos trabalhar para a libertação de todos os seres, para a felicidade de todos os seres, é necessário precisar que não temos jamais o direito de impor aos outros o que, nos limites de nosso ego, de nosso "eu", nós consideramos como a felicidade. Quero dizer que é preciso fazer o bem sem impô-lo, o outro é livre..., o amor é respeito pela liberdade do outro!

Alguém pode encontrar-se numa situação em que quer cuidar, ajudar, ou amar alguém que não o queira. Pode-se amar alguém contra sua vontade? Vocês podem amar alguém que não os ama? Creio que seja completamente possível, mas não tem necessidade de saber. Ora, na nossa vida quotidiana, quando amamos alguém, queremos que ele saiba – porque esperamos alguma coisa de retorno.

Pode-se escutar as palavras de Buda ou as palavras do Evangelho como uma lição de moral, mas creio que é necessário antes senti-las como experiências que ele nos convoca a fazer. Tem-se a tendência de compreender aquilo que na tradição hebraica se chama de os mandamentos, como os "deve-se" e os "não se deve", enquanto que literalmente isto é *mistvot*, quer dizer, "exercícios", práticas a experimentar e a verificar. Experimentar que o simples fato de querer o bem do outro – mesmo quando não sabemos que é bem para ele, mas ter em nós esta vontade de benevolência – vai tornar-nos mais felizes.

Na via da compaixão, não creiam em nada fundado sobre a palavra; creiam somente naquilo que para vocês é justo, naquilo que vocês verificaram. Isto os ajudará a avançar, a tornarem-se melhores e a tornar o mundo um pouco mais pacífico, um pouco mais vivível. O voto do *bodhisattva* é um engajamento interior, o engajamento que a pessoa faz a si mesma, que consiste em fazer passar de uma certa maneira os outros à frente de si mesmo, a felicidade do outro à frente da sua própria felicidade.

8
Três atitudes: o rei, o barqueiro, o pastor

Na tradição budista tibetana, há três tipos de *bodhisattva,* que poderíamos definir como: o rei, o barqueiro, o pastor; os três tipos correspondem a três atitudes.

Primeiramente, há aquele que, querendo trabalhar para o bem de todos os seres, diz a si mesmo: "É necessário que eu comece por tornar-me rei de mim mesmo, que eu estabeleça a paz em mim; em seguida, poderei ocupar-me com os outros". Ele se ocupa consigo em vista de ocupar-se com os outros; ele está bem na via do despertar e do bem-estar de todos os seres vivos, mas isto começa por ele. O barqueiro leva diante de si os dois objetivos: ele está a caminho, na barca, e avança em direção à outra margem, mas com os outros. Finalmente, a terceira atitude, a do pastor, consiste em preocupar-se exclusivamente com os outros, com fazê-los passar à frente, recusando conhecer o despertar, enquanto todos não estiverem no despertar. Podemos encontrar em nós estas três atitudes, mais forte uma, menos fortes outras.

A imagem empregada pelo Cristo é a do pastor. Em São Paulo, em Teresa de Lisieux e em um certo número de santos do cristianismo, volta constantemente este refrão: "Não quero conhecer a Deus, não quero conhecer a paz e o paraíso, enquanto que um só ser não tenha entrado nesta paz e neste conhecimento". Isto está ligado a um estado de consciência particularmente despertado. Enquanto houver violência, desgosto, desespero em um só ser, uma parte de meu ser permanece desesperada, sofredora, eu não estou completamente feliz.

Se, na meditação, estamos, algumas vezes, impedidos por desesperos, por tristezas que não são obrigatoriamente as nossas, é que aceitamos tornar-nos porosos, permeáveis ao sofrimento do universo. Assim, a gente não pode ser completamente feliz, mesmo numa caminhada de meditação, de paz e de tranquilidade. Como é possível conhecer esses momentos de depressão e de desgosto após todo o trabalho que foi feito? Porque na nossa meditação não trabalhamos somente sobre nosso corpo e sobre o nosso mental, mas também sobre o corpo do universo, e podemos experimentar e sentir o sofrimento do outro como se fosse nosso próprio sofrimento.

Fazendo isto, a pessoa não se contrai e não se curva mais sobre seu pequeno sofrimento, mas oferece-o, participando assim do bem-estar do universo. Quando a gente vive uma doença ou uma depressão não como sua própria, mas como do universo – isto parece um tanto grandiloquente, mas não o é em nível de experiência –, a gente reúne os seres que padecem o mesmo sofrimento. Acolher esse sofrimento com paciência, com paz, não é proveitoso simplesmente a si, mas a todos; e se conseguirmos sair desse sofrimento, muitos sairão conosco. Aí estamos na atitude do barqueiro e podemos, às vezes, tocar tudo o que há de sabedoria neste desligamento de nossa própria história, de nosso pequeno sofrimento, que tem, muitas vezes, a tendência de nos submergir.

Um *bodhisattva* é alguém que vive no espírito desse voto, que cultiva qualidades que lhe permitem sentir seu corpo como infinitamente mais amplo. Fazer o voto de *bodhisattva* é renunciar a seus próprios limites, ao seu inferno, ao seu enclausuramento, é sentir que há em si algo maior que ele próprio, é sentir que o outro está em nós.

Atinge-se, assim, uma palavra do Evangelho que é uma das chaves do Evangelho: "Quem quiser salvar a sua vida perdê-la-á, aquele que a perder por causa de mim a encontrará". A paleontologia oferece-nos uma boa ilustração desta palavra: os animais que são preservados, os que não arriscaram sua vida tiveram a tendência de se esclerosar, de se fossilizar, não houve evolução. Isto é também verdadeiro nos negócios: aquele que quer conservar seus bens corre o forte risco de perdê-los, pois o dinheiro se desvaloriza; ao contrário, o dinheiro que circula, que é dado, pode, de uma certa maneira, "produzir".

Está aí uma lei ontogenética fundamental: a lei da transformação do ser: "Se o grão de trigo não morrer, ele permanece só e não produz fruto"; a semente de carvalho que não apodrece, não se transforma, permanecerá na terra e não produzirá o carvalho. Contrariamente ao que a gente pode pensar, aqueles que não correm o risco de perder-se, de doar-se, se destroem: é uma lei natural... Só a morte do "eu", do ego, pode permitir ao "Ele" viver.

Entrar nesta via da compaixão exige uma profunda confiança na possibilidade mesma deste encaminhamento. Eis por que o ponto de partida é esta fé na natureza de Buda, na natureza do despertar, na natureza divina, na natureza do Cristo em nós. Esta confiança vai nascer da compreensão de duas coisas:

> • É preciso primeiramente compreender que nosso mal existencial vem das lutas passionais de nosso ego, que na origem de tudo o que nos faz mal e introduz o mal-estar no mundo está esta presença do ego, do "eu" que se afirma em detrimento de tudo que o cerca.

Seria interessante ver as consequências econômicas disso. Em seu livro *Le bonheur liberté* (*A felicidade libertada*), Serge-Christophe Kolm parte desses ensinamentos para tentar estabelecer uma ligação com a economia atual. É necessário observar que uma economia fundada no lucro, pela acumulação de bens para cada um, não pode conduzir senão a um impasse: a conflitos, a guerras, à destruição da sociedade. Em termos políticos e econômicos, ele repete aquilo que Buda dizia de outra maneira: na fonte de todos os sofrimentos do mundo, do mal-estar social, como também do mal-estar cósmico, há esta loucura do ego que se afirma em detrimento dos outros. A atitude do *bodhisattva*, que quer o bem dos outros, é uma maneira de curar-se disto e de curar também a natureza e a sociedade; é um primeiro elemento da compreensão.

> • O segundo elemento consiste em compreender que, em cada um de nós, a natureza de Buda oferece uma possibilidade de emancipação: se não houvesse em nós um não nascido, um não feito, um não criado, não haveria saída para aquilo que nasceu, que foi feito e criado; se não houvesse em nós esse espaço, essa liberdade, essa vacuidade, nós não seríamos senão seres destinados à morte, e a morte teria a sua última palavra. Isto é porque em nós alguma coisa não é composta, e não será, portanto, decomposta, porque em nós existe o incriado que tem uma saída para este mundo destinado à morte.

Em sua linguagem, Mestre Eckhart não fala de não nascido, de não criado, de não feito, mas de incriado, esta dimensão no ser humano e na história humana, este algo que não pertence ao espaço-tempo. Se não houvesse essa abertura, nós estaríamos no inferno, estaríamos enclausurados em nosso círculo vicioso da lei da causa e do efeito. Trata-se de afirmar que há uma saída, senão, para que trabalhar para o bem-estar de todos os seres vivos? Portanto, fazer nada seria um mal menor!

9
As seis perfeições ou seis paramitas

Como sair destes mecanismos do funcionamento ordinário do ego: proteção-defesa, possessividade-captação, desta atitude que consiste em sempre tomar e guardar para si aquilo que é considerado bom e em excluir aquilo que é considerado mau? O comportamento egoístico habitual é uma atitude fechada: de uma parte, a pessoa busca incessantemente proteger-se e defender-se, de outra parte, quer possuir mais, captar sempre mais.

Esta é a atitude egocêntrica: "Chamo isto um bem, porque isto me agrada, chamo isto um mal, porque isto não me agrada". No livro do Gênesis, este modo de consciência é simbolizado pela árvore do conhecimento do bem e do mal, responsável pela nossa queda. É a árvore do conhecimento egocêntrico: eu vejo todas as coisas, vejo todos os acontecimentos em relação a mim e eu me coloco a mim mesmo como juiz e como critério daquilo que é o bem e daquilo que não o é. A árvore da Vida é, pelo contrário, a árvore do conhecimento "teocêntrico": eu vejo as coisas não em relação a mim, mas em relação ao Ser, quer isto me agrade quer não me agrade... O Ser faz isto ser, o "eu" não tem que intervir como juiz daquilo que é o bem e daquilo que é o mal.

Encontram-se estas duas possibilidades na terminologia do livro do Gênesis: funcionar com o ego no centro e ver todas as coisas em relação a si ou funcionar com o Ser no centro e deixar o Ser ser o que é, sejam quais forem os condicionamentos ligados à nossa memória e às nossas reações. Dizer "isto me agrada, isto não me agrada" corresponde a uma atitude de medo. São os medos do ego que luta continuamente para defender-se – a soma de energia gasta em viver constantemente na defensiva é verdadeiramente espantosa. Este medo conduz a dobrar-se sobre si mesmo, a enclausurar-se nesta crisálida egoísta que nos sufoca.

Para engajar-se na via da compaixão, é necessário crer na possibilidade de viver, de trabalhar, de amar, de estar de modo diferente do que em uma atitude de defesa, de proteção, de medo e de possessividade. O trabalho do *bodhisattva* começa por esta observação do funcionamento habitual que é defesa, proteção, medo e possessividade.

Como sair disso?

Começa-se com a afirmação de que é possível! Não é evidente que desperte em nós essa fé – muitas vezes, a pessoa se entrega ao desânimo: "Eu não sairei disso, é o sofrimento, é a violência, é a asneira que terão a última palavra". Este ato de coragem, de fé, de confiança supõe que o funcionamento do ego não seja o único possível, que a pessoa não esteja obrigada a ter medo, a proteger-se, a buscar sempre e querer ter mais. É possível um outro modo de funcionamento.

É possível, à medida que aderimos à natureza de Buda, à medida que agimos não a partir do "eu", mas a partir do despertado, ou do Cristo, que está em nós: Eu não sei amar, eu não posso amar, mas há em mim alguma coisa maior do que eu que pode amar, há em mim um modo de funcionamento ao qual eu não estou habituado, para o qual eu não fui formado e que, no entanto, se eu o deixo expressar-se, ele me torna capaz de atos que minhas forças sozinhas não permitiriam.

Por exemplo: "Não posso perdoar a essa pessoa, é impossível! Eu não posso, e quanto mais meu 'eu' quer perdoar, mais eu me torno hipócrita e mentiroso". Inútil contar histórias! Há coisas imperdoáveis, e não é preciso procurar perdoá-las a todo custo, porque o "eu" é incapaz disso. "No momento em que reconheço os limites de meu amor, de minha capacidade de amar, posso abrir-me a 'alguma coisa' que em mim é capaz de amar"; isto é entrar em contato com nossa verdadeira natureza que é generosidade e bondade.

Na via da compaixão, descobrimos que o fundo de nosso ser é bom, que a natureza de nosso ser é dom, o que não é tão evidente. Há em nós, no entanto, uma generosidade fundamental que é a primeira de todas as perfeições.

É possível "dar", sob condição de ultrapassar esta mentalidade de mendigo que infelizmente temos desenvolvido em nós, esta atitude que faz com que tenhamos incessantemente necessidade dos outros, atitude em que não paramos de exigir dos outros. Pensamos que é impossível dar na medida em que não recebemos, achamos que nosso pai e nossa mãe não nos amaram "suficientemente", estamos sempre na carência... Enquanto permanecermos nesta atitude de mendigos, a generosidade fundamental de nosso ser não pode despertar. Então, é preciso sair disso!

Eis duas histórias que se contam a propósito de Buda, duas histórias que um espírito ocidental tem, sem dúvida, bastante dificuldade em compreender.

A primeira é a de uma mulher muito pobre que, cada dia, mendigava seu alimento. Um dia, chegando a saber da passagem de Buda, ela procura encontrá-lo e, tendo chegado perto dele, pede-lhe algo para comer.

– Que queres, realmente? – responde o Buda.

– Quero algumas das frutas que tens em teu prato.

– Vou dar-te algumas delas – diz o Buda –, mas tu deves primeiramente dizer não àquilo que eu te dou!

Ele lhe dá as frutas:

– Agora diz não!

É uma coisa muito difícil para esta mulher que está faminta e que tem necessidade de comer, que tem vontade de dizer "sim" àquilo que alguém lhe oferece.

Ela deixa, no entanto, esse "não" tomar conta dela.

No momento em que ela o pronuncia, ela toma consciência de que não deixou de pedir durante toda a sua vida, fato que a tornou dependente dos dons dos outros; ao dizer "não" pela primeira vez, ela compreende também que há nela uma força capaz de dizer "não" a um desejo, a uma necessidade imediata.

O Buda explica assim esta história: somos todos mendigos, incessantemente ocupados em pedir, jamais saciados; enquanto não sairmos desta atitude, passamos ao lado do tesouro que está em nós. O ensinamento do Buda não nos diz que somos pobres, que não valemos nada; ele afirma, pelo contrário, que nós somos ricos, mesmo quando na aparência não temos nada.

"Seja qual for a vossa pobreza, tendes sempre em vós mesmos a capacidade de dar." É uma afirmação extremamente importante na via da compaixão. Sejam quais forem nossas riquezas exteriores, intelectuais ou afetivas, há sempre em nós esta capacidade de dar, nem que seja nossa presença, nosso tempo ou nosso sofrimento; há sempre em nós esta capacidade de dom que é a natureza essencial do nosso ser.

A segunda história passa-se no Tibet. Dois irmãos criam iaques; a ambição de um deles é a de possuir sempre mais, também os acumula, ao passo que o outro somente possui um, o quanto lhe é suficiente. Um dia, os dois irmãos se encontram, e aquele que tem uma grande manada diz ao outro:

– Meu sonho é ter cem iaques; tenho apenas noventa e nove, podes dar-me o teu?

– Mas certamente, responde o irmão, toma-o!

Eu me recordo de ter ficado um pouco chocado com esta história pela primeira vez que a ouvi. Eu achava isto injusto, até que o lama tibetano tentasse fazer-me compreender que o infeliz não era aquele que a gente acreditava: o infeliz é aquele que tem necessidade de cem iaques, porque, quando ele tiver cem, ele quererá cento e um, depois cento e dois... Ele está sempre no sofrimento, ao passo que o outro está sempre no dom, livre para dar o pouco que ele tem. Ele é rico!

O verdadeiro senhor, o verdadeiro mestre, é aquele que é capaz de dar. O lama dizia-me: "Enquanto alguém não perdeu em si esta capacidade de dar, nem que seja um pouco de respiro, um pouco de sua presença, ele é um senhor". No momento da morte, pode-se dar ainda o último suspiro. "Possa minha morte contribuir para o bem-estar de todos os vivos", diz-se no *Bardo Thödol*. Nada jamais está perdido, quando a gente está nesta disposição de espírito.

A melhor disposição ao estado do despertar para si mesmo e de todos os seres vivos é encontrar de novo em si esta capacidade de dom, de generosidade, que é nossa verdadeira natureza. Por maior que seja a nossa pobreza, nós podemos sempre dar. Para alguns dentre nós é difícil entender, de tal maneira estamos estruturados para pedir e acumular...

A história dos dois irmãos lembra-nos que, quanto mais a gente acumula, tanto mais tem necessidade, quanto mais a gente tem desejo, tanto mais está insatisfeito, infeliz; em contrapartida, quanto menos a gente possui, quanto menos a gente acumula, mais a gente está livre, mais é capaz de desfazer-se das coisas. A via da libertação neste caminho não é a de acumular para tornar-se rico, mas a de dar muito para ser rico. A única coisa que não nos será arrebatada é aquela que nós demos. É absolutamente simples. É possível viver isso?

Estas são palavras do Evangelho: "Há maior prazer em dar do que em receber. Àquele que dá será dado". Daí, esta palavra curiosa que parece contradizê-las: "Àquele que tem será dado; àquele que não tem será tirado mesmo aquilo que ele tem". Isto quer dizer: àquele que tem a caridade, àquele que tem em si a capacidade de dom, àquele que tem esta abertura do coração e esta generosidade, tudo será dado, mas àquele que não tem esta capacidade, tudo será arrebatado, porque ele perdeu o dom.

Pergunta: Doar ao outro não é alimentar o ego?

Há diversas maneiras de doar. Há, certamente, uma maneira de doar para si, para ser visto: a pessoa quer muito doar, mas com a condição de que isto seja sabido, com a condição de que seu nome figure embaixo da doação... a fim de que as gerações futuras não se esqueçam. A pessoa doa também para ter afeição: cumulando o outro de presentes, pensa em receber de volta uma quantidade proporcional de amor!

Há diferentes qualidades de dom: o dom dos bens materiais, o dom dos bens afetivos, o dom dos bens espirituais. Quando o Buda diz à mulher que lhe pede de comer: "Quero muito dar-te o alimento, mas é de outra coisa que tens fome", ele tem a mesma atitude que o Cristo que dizia à Samaritana: "Aquele que bebe desta água ainda terá sede".

Um dia, na Índia, quando eu andava por uma calçada em companhia de um jovem *swami*, nas ruas de Bombaim, percebemos uma mulher que, com todas as evidências, passava mal e precisava de ajuda. Ela pedia simplesmente a força que a pudesse ajudar a atravessar a rua.

– Vamos ajudá-la! –, digo espontaneamente.

– Não, não! – responde-me o *swami* –, o senhor vai impedi-la de viver seu *karma*; se ela está nesse estado, é porque ela agiu mal

101

nesta vida ou em suas vidas passadas, não é o caso de o senhor se comover! O senhor é bem ocidental com seu sentimentalismo [...]. Vai fazer-lhe mal e confortá-la em seu ego. Ela deve virar-se sozinha, é assim que ela chegará à libertação [...].

Ao que eu repliquei:

– Sei que, se eu não a ajudar, eu vou arranjar-me um mau *karma*. Não lhe peço para agir da mesma maneira, mas, se não faço o que me parece justo, isto me estragará todo o dia. Talvez seja muito egoísta, tanto para mim como para ela, mas não creio que uma coisa feita nesta atitude possa entravar sua caminhada para o despertar!

Não é preciso ter medo de doar, mas também não é preciso doar "demasiadamente". Engordando as crianças, isto é, fazendo-lhes todas as vontades e caprichos, a pessoa as impede de colocarem para si mesmas as verdadeiras questões, as impede de colocarem-se elas mesmas a caminho. De novo, não se trata de perguntar-se se dar é um bem ou mal. Em uma situação, é justo doar muito, em outra situação, será muito ou muito pouco...

O importante é ter discernimento diante das situações concretas. Querendo doar muito, muitas vezes, a gente faz o mal. "Eu te amo, eu te amo, meu querido, eu te sufoco [...] eu te mato". Certas pessoas foram esmagadas por um amor não inteligente que as impediam de respirar.

Se alguém desenvolve sua generosidade é para tornar-se mais vivo; a morte da generosidade em nós é a morte da vida. O próprio da vida é doar-se; quando corre, o rio se doa, se ele se congela... torna-se frio para todos.

Muitas vezes, acreditamos doar muito, mas o outro não recebeu aquilo de que tinha fome, aquilo que unicamente podia nutri-lo. Passamos disso ao discernimento: trata-se, antes de tudo, de estar numa atitude de dom que corresponda a uma demanda, atitude de não doar, quando não nos é pedido. Alguém pode doar muito mal e ouvir dizer: "Não vos pedi nada!"

Em nós há o dom, a capacidade de doar. Muitas pessoas sofrem por não poderem doar o amor que têm nelas, porque é uma grande dor sentir em si tesouros de compaixão, de generosidade, e não ter ninguém a quem doá-los ou ninguém que os queira. Esse amor não doado pode destruir.

Que fazer desta energia que pode fazer-nos mal, até mesmo autodestruir-nos, se nós não a "gastamos?" É aí que intervém esse processo de transformação interior que é a meditação ou a oração: a energia não é perdida, mas oferecida. Através da oração, da meditação, pode-se de fato transmiti-la, canalizá-la para o bem-estar de todos os seres vivos – não obrigatoriamente para uma pessoa precisa. É uma lei física. Não sabemos aonde vai esse dom, nem quem dele se aproveita, nós não conhecemos os efeitos desta ternura que sentimos subir em nós sob a forma de oração que pede o bem-estar de todos os seres vivos; nós estamos numa generosidade desinteressada.

A via da compaixão lembra-nos que não somos mendigos, seja qual for nossa pobreza, sejam quais forem nossas carências, sejam quais forem os pais que tivemos, todas as pessoas que gostaríamos de "ter" e que não tivemos. Somos ricos à medida que somos capazes de doar, e isto é a nossa nobreza. Alguns traduzem *bodhisattva* por "ser nobre".

Pessoas muito ricas têm falta de nobreza: elas têm tudo aquilo de que precisam, até mesmo muito, e estão em carência permanente. Preocupadas com aquilo que possuem, essas pessoas não podem relaxar, e isto é realmente uma miséria. Outras pessoas, pelo contrário, são transbordantes de generosidade: elas não têm lá grandes coisas, mas são capazes de oferecê-las espontaneamente; elas não sabem sequer que são generosas, isto lhes parece evidente: "Se tenho alguma coisa, é para partilhar!"

A nobreza daquele que está no caminho do despertar e da compaixão é o Ser que tem nele esta capacidade de dom: através do exercício do dom, ele atinge sua natureza essencial, o Cristo que vive nele, o Vivente que se doa. Enquanto houver em nós esta qualidade, nós estamos na nobreza de nossa natureza essencial. Em sua Primeira Carta, São João diz: "Aquele que não ama permanece na morte, aquele que ama permanece em Deus, e Deus permanece nele". É uma palavra tão simples! É-nos dito que o simples fato de amar, de colocar em cada ato um pouco de amor, de generosidade, é Deus mesmo vivendo em nós através de nós.

Poder-se-ia pensar que aquele que deu seu iaque ao irmão que já tinha noventa e nove não fez o bem a ninguém! Mas, se ele fez o bem a si mesmo, ele fez o bem a Deus, ele fez o bem à Vida. Pelo contrário, o outro não fez o bem a si mesmo, porque ele está sempre mais no desejo, na cobiça, e permanece insatisfeito; ele não faz mais o bem aos outros, arrancando-lhes o pouco que eles possuem.

Procuro convencer vocês sem querer convencê-los! É preciso estar na atitude dos dois irmãos para compreender, e somos, aliás, alternadamente um e outro irmão. Em certos dias, não temos nunca o bastante, em outros, doaríamos tudo o que nós temos. Quando temos doado tudo, resta-nos sempre o dom que não pode ser arrancado.

"Bem-aventurados os homens de boa vontade! Paz aos homens de boa vontade!" A boa vontade é uma vontade orientada para o bem. Isto não é suficiente, mas começa por aí. Se cultivarmos em nós esta vontade de fazer o bem, de descobrir a realidade, este desejo do verdadeiro, creio que não temos nada a lamentar, os caminhos de obstáculos não nos pararão, haverá sempre um momento em que nós nos recolocaremos a caminho.

Se nos enraizarmos em nós, este desejo do despertar, da libertação, este desejo da paz do coração e da inteligência – não somente para nós, mas também para todos os seres vivos – nos preservará de todas as espécies de apegos, de impasses e de enclausuramentos no sofrimento, de fechamento naquilo que nós possuímos e que, pouco a pouco, nos possui. Este desejo é que guarda o coração despertado, em abertura.

Mas é preciso no momento presente passar aos atos.

A *bodhicitta* da prática – atitude do despertar na prática – consiste em desenvolver em nós seis perfeições, em aperfeiçoar seis qualidades. "Não vim para abolir, eu vim para cumprir"; nós temos que cumprir, nós temos que ir até ao fim daquilo que nos é dado. Estas seis perfeições são, eu o relembro, o dom, a disciplina, a paciência, a energia, a meditação e a sabedoria, chamada também conhecimento transcendente.

Há como que uma escala, uma graduação. Esta via é infinitamente prática: a pessoa faz um passo após outro e avança a partir do lugar onde ela se encontra.

Lembrem-se de que, antes de querer amar a humanidade, antes de querer amar nossos inimigos, é necessário começar por amar nossos pés, nosso corpo, nossa respiração. "Há em mim o amor, mas não sei a quem amar". Pode-se, então, amar uma planta, um cão, uma respiração, amar a vida. É muitas vezes difícil amar a vida, mas se a gente não ama a vida, se a gente não ama o ser vivo, como querer então ser úteis e ajudar os outros?

Antes de amar a vida num outro, talvez seja necessário amá-la primeiramente neste lugar de passagem que nós conhecemos bem: nós mesmos. "Não faço nada, mas amo a vida! Amo a vida que passa através de mim e, nesta adesão, nesta afeição, nesta ternura em relação à vida que respira em mim, talvez este amor vá se comunicar um pouco mais longe?"

Trata-se de desenvolver progressivamente estas diferentes qualidades, e o dom é a primeira qualidade a desenvolver.

10
O dom

Passamos agora à prática. O fundo do ser é generosidade e, pelo simples fato de que o mundo existe, é necessário que ele esteja no movimento da vida que se doa. Alcançar a capacidade de dom é alcançar a energia criadora em nós; aquele que não ama está ao lado da vida e permanece na morte.

Nas formas concretas, distinguir-se-ão diferentes formas de dom. O dom das coisas materiais, o dom da proteção, o dom da ternura, o dom da benevolência e, finalmente, o dom do *dharma* ou da verdade. Esta prática começa pelo dom das coisas concretas, uma qualidade de benevolência, uma qualidade de disponibilidade.

Como o dom vai encarnar-se em nós, tomar forma em nós?

10.1 O dom das coisas materiais

Em todas as grandes religiões, dá-se muita importância à esmola, não pela quantidade, mas pelo fato de dá-la. No Evangelho encontra-se esta parábola da viúva que, não tendo mais do que algumas moedas, as coloca, no entanto, no cofre do templo. Jesus diz que esta mulher deu muito mais do que todos os outros, porque ela deu aquilo que era o seu necessário. É um tema que se encontra igualmente nas escrituras *pális*[1]: o importante não é a quantidade, mas a qualidade, quer dizer, o movimento do coração.

A esmola é justamente esta possibilidade dada àquele que tem para doar a quem não tem, ou àquele que pede uma coisa material. Ao monge serão dadas as coisas materiais que ele merece, mas ser-lhe-á pedido que faça dons espirituais: um ensinamento, uma palavra que conduza à libertação ou uma oração que ajudará os outros a evoluírem; é uma espécie de troca muito codificada e, sem entrar nos detalhes disto, encontra-se em muitas tradições.

"Aquele que quer receber interiormente deve doar exteriormente": tal é o fundamento da esmola. É o sentido da oferenda de um fruto ou de uma flor que a gente faz a uma professora – porque o fato de oferecer exteriormente alguma coisa torna capaz de abrir-se ao interior.

O dom das coisas materiais a alguém que no-las pede, ou àquele que as merece por justiça, encarna-se em nós através de gestos concretos. Observemos ainda! A que ponto nós nos agarramos? Muitas vezes, agarramo-nos a coisas transitórias e passageiras, sem grande valor, se refletirmos bem; mas nós nos identificamos com isto e aí colocamos a nossa segurança.

Todas estas práticas têm por objetivo fazer-nos sair do velho funcionamento do ego que tende à segurança e à proteção, que tem medo de se soltar. Nada há como abrir-se em nível de nossas posses para que alguma coisa se desencadeie também em nível do nosso coração. Quando vocês dão algo a alguém, embora isto não seja obrigatoriamente o mais justo – a gente não sabe sempre se é justo dar algo a esta pessoa, mas vocês sabem que para vocês era

---

1. Língua dos antigos textos religiosos do budismo meridional aparentando ao sânscrito [N.T.].

justo –, alguma coisa se abre, a generosidade se coloca novamente em circulação.

É necessário estar bem seguro do discernimento e de não doar em todas as circunstâncias. É melhor, por exemplo, evitar dar dinheiro a alguém que a gente sabe que se servirá dele para comprar droga; mas a pessoa pode também dar-lhe uma outra coisa: por exemplo, ternura, reconhecimento, que o convidarão talvez a um pouco de lucidez. A pessoa pode também desvencilhar-se de um dom – de um outro pedido que lhe foi formulado – pelo dinheiro. O dinheiro é, então, o que nos "impede" de doar verdadeiramente.

10.2 O dom da proteção

Uma outra qualidade de dom é a proteção. A via da compaixão diz-nos que não se trata de querermos doar alguma coisa, mas de estarmos abertos, de não nos fecharmos ao pedido. A alguém que nos pede proteção, podemos oferecer o asilo de nossa benevolência.

Alguém pode vir a nós com a necessidade de estar seguro, de ser consolado, de ser protegido; é necessário, então, saber doar algo de sua pessoa através de um gesto, de um apoio afetivo, sem fechar-se em seu pedido. Demos-lhe alguma coisa, mas demos-lhe também a capacidade de libertar-se de nós! Isto não é fácil... Um pai deveria doar a seu filho aquilo de que necessita, mas, ao mesmo tempo, a capacidade de libertar-se dele, de produzir alguma coisa.

O dom da proteção não é protecionismo. Ajudar os países em vias de desenvolvimento não é forçosamente fazer as coisas em seu lugar, mas permitir-lhes que se saiam bem sozinhos! Caso contrário, fechá-los-ão em um círculo vicioso, e eles ficarão nesta espera, nesta dependência dos países que se livram de seus supérfluos para tranquilizar sua própria consciência.

10.3 O dom do amor

Mais do que a proteção falta-nos, muitas vezes, o amor. O *bodhisattva* conserva os braços abertos, mas ele não toma as pessoas em seus braços, o que pode parecer paradoxal. Trata-se de ter os braços abertos, de aceitar o outro no seu pedido, sem fechar os braços sobre ele. Um *bodhisattva* pode amar alguém, mas ele não o ama para si mesmo. Amar alguém sem querer guardar para si é complexo: o outro crê, muitas vezes, que é amado, quando pode pertencer a vocês, e isto cria "nós", cria amarras, cria dificuldades.

Como amar verdadeiramente alguém? Não simplesmente com palavras ou com a boa vontade, mas apresentando atos nos quais ele se sinta amado, sem que para isso a gente tenha fechado os braços sobre ele, sem que o tenha fechado numa situação afetiva inextrincável. "Se te amo, não é para mim. Não te ocupes comigo, não fiques pendurado em mim, vai mais longe, segue teu caminho".

Volta-se à atitude muitas vezes citada por Graf Dürckheim a propósito do diretor espiritual. Ele deve ser como a bomba de gasolina, na qual a gente vem buscar energia, um ensinamento para continuar sua caminhada; o problema é que, após ter abastecido, a pessoa volta para perto do distribuidor... Ora, se já abasteceu, é para ir mais longe, para seguir seu próprio caminho.

Quando a gente diz que o amor-compaixão não é um amor passional que se apega, está próximo da atitude do terapeuta no trabalho analítico. Ele deve aceitar a transferência, mas sabendo totalmente que aquilo que o outro ama não é a ele, mas a uma imagem, e ele deve cuidar dessa imagem para prosseguir, para ir mais longe. Não se trata de negar a transferência, é necessário aceitá-la, mas, ao mesmo tempo, não fechar o outro aí, mas poder dizer-lhe: "O que tu amas não sou eu, tu buscas outra coisa. Não sou nada mais do que um rosto daquilo que tu amas, não identifiques comigo o que tu amas, porque isto vai criar um apego, uma dificuldade, uma alienação".

Isto, aliás, pode ser vivido em nossas relações mais ordinárias: aquilo que amamos primeiramente é uma imagem do outro; ele ama uma imagem de nós. Depois, vem esse momento em que a gente vai além das imagens, em que a gente começa a amar o outro por ele mesmo, e então a gente está livre diante dele. Mas, antes de soltar, convém abraçar. Há pessoas que soltam antes. A doutrina do "não apego aos seres ilusórios" pode criar uma espécie de indiferença, de recuo. É preciso saber que o ser ilusório, embora passageiro e transitório, sofre e que ele tem talvez necessidade de ser mantido nos braços; mas os braços não devem fechar-se sobre ele, porque, quando chegar o momento de soltá-lo, ele corre o risco de se pendurar!

A atitude do dom através dos gestos de amor, dos gestos concretos, é sem dúvida o que há de mais difícil, porque a gente não está numa atitude de seca indiferença, nem numa atitude de amor sentimental e passional. É uma via de ponta, é uma via do meio.

Estamos na terra para aprender a amar bem. Amar é ainda possível, mas amar bem... que caminho! Creio que temos toda a nossa vida para aprender... para ver até que ponto nós amamos mal, nós amamos para nós mesmos. Buscamos toda sorte de compensações e chamamos isto de amor...

Pergunta: Qual é o lugar do amor passional?

Na compaixão, não há lugar para o amor passional, pois a gente não pode apaixonar-se por alguém do qual sabe que ele não é o Ser, que ele não é o Existente. O amor e o conhecimento estão de tal maneira ligados, que amar infinitamente alguém que não é infinito é ignorância e, portanto, é sofrimento.

É uma espécie de sabedoria. Amar alguém por aquilo que ele é, mas não mais do que por aquilo que ele é, isto é verdadeiro amor. O que chamamos de paixão é a projeção do infinito sobre um ser finito. De repente, esse ser se torna nosso infinito, se torna "tudo" para nós; ora, um ser vivo é uma parte do Todo, um ser único infinitamente precioso e infinitamente amável, mas ele não é o Todo, ele não é Deus.

É verdade que a prática da meditação – que permite observar a não permanência do "eu", de nossos pensamentos e de nossas emoções – torna a pessoa menos propensa à paixão. Querer fazer do outro um Todo, um Absoluto, é mentir, é uma falta de conhecimento. Para seres como o Dalai-Lama, a qualidade tangível do amor e da compaixão tem alguma coisa de perturbador: a pessoa sente muito bem que é uma compaixão universal, impessoal.

Quando eu me encontrava no Estado de Nova Iorque, o Dalai-Lama foi recebido na Universidade onde eu lecionava.

– O senhor percebeu como ele me olhou? – disse-me uma de minhas colegas, quando o Dalai-Lama passou diante de nós.

– Sim, percebi como ele olhou para você.

A visita à universidade continuou e, a um certo momento, interessando-se muito pelas máquinas, o Dalai-Lama inclinou-se sobre uma delas.

– Viste como ele a olhou! – disse eu à minha colega.

Era efetivamente o mesmo olhar.

É claro que a gente não olha uma pessoa como olha uma máquina, mas a qualidade da atenção, a qualidade do coração era a mesma. Neste contexto, o amor não é uma relação, é primeiramente um estado de ser, um estado de consciência, de benevolência. É verdade que falta este lado da "relação de pessoa para pessoa": "Não há outro tu senão tu [...]", beleza e tragédia de nossos amores à maneira ocidental.

Na via da compaixão, a gente busca desenvolver não relações, mas uma capacidade de benevolência, uma capacidade de amor para com todos os seres, sejam eles quais forem. A gente pode muito evidentemente – e felizmente! – privilegiar certas relações, mas uma relação é privilegiada pelo fato de que há um acordo de consciências.

Quando no Evangelho se trata da questão do "discípulo que Jesus amava", isto quer dizer que Jesus amava mais a João do que a Pedro? Não! Jesus ama igualmente a Pedro ou Judas quanto a João, porque Ele é amor encarnado. Como Ele o dirá: "O sol brilha sobre os bons e sobre os maus, sobre os justos e sobre os injustos". Ele tem tanto amor por Judas como por João, mas Ele tem mais afinidade com João. A resposta é diferente: a relação torna-se "privilegiada", há "ressonância", compreensão mútua.

Esta qualidade de dom, que é necessário despertar em nós, é um estado de consciência que permanece em todas as circunstâncias. Se a gente não tem mais ninguém para amar, se esta mulher tão maravilhosa ou este homem ao qual estava tão apegado não estão mais aí, porque eles estão mortos ou com alguma outra pessoa, como guardar em si a qualidade de amor que a gente conheceu neles? Aí está a questão...

Na via da compaixão, é justo desenvolver esta qualidade de amor despertado num momento de nossa existência por tal ou tal rosto, sem tornar esta qualidade de amor dependente deste rosto, porque, no dia em que ele desaparecer de nossa vida, será como se perdêssemos nosso amor. Identificar o amor com a pessoa que despertou esta qualidade em nós é o drama de muitos dos ocidentais. Ora, esta qualidade de amor pode permanecer, mesmo se essa pessoa não está mais aí; posso dar esta qualidade de amor a um pedacinho de erva, ao vento, a todos os seres. Tudo é o rosto do bem-amado.

10.4 O dom da benevolência

A benevolência – "o sol que brilha tanto sobre os justos como sobre os injustos" – é a Bondade, "o Bem difusivo de si mesmo", sejam quais forem os sujeitos ou os objetos para os quais se volta.

10.5 O dom da verdade

Há finalmente uma outra forma de dom: o dom do *dharma*, o dom do ensinamento, o dom da verdade. Para o Buda, o maior dom que a pessoa possa fazer a alguém é o de ele aprender a ver o que é verdadeiro. Isto se encontra na tradição cristã: "A mais alta caridade é o dom da verdade", dirá Tomás de Aquino.

Amar alguém é dizer-lhe a verdade, mas para isto é preciso amar muito. Dizer a verdade dá-nos medo: "Ele/ela não vai amar-me, se lhe digo o que eu penso". Há "a maneira" de dizer a verdade, e é aí que intervém a ligação entre conhecimento e amor. Esta verdade, dita com violência, com desprezo, será destruidora, enquanto que, dita com amor, ela pode ser libertadora.

Seria necessário "sacudir" com uma mão (a mão do rigor) e acariciar com a outra (a mão da ternura). Nos ícones que representam o Cristo, a gente pode observar que um olho é doce, o outro é severo: no olho da doçura, da misericórdia, a gente pode aceitar ser o que a gente é; o outro olho exige discernimento e justiça. É o amor sem complacência!

Parece-me que isto responde à dupla necessidade que está em nós: necessidade de ser amados tais como somos e necessidade de que alguém nos diga a verdade. Contar-nos histórias acrescentará ilusão a ilusão e não nos ajudará a ser livres. O maior dom que nós poderemos oferecer uns aos outros é o dom da verdade, o dom do caminho para o despertar. Trabalhar para o bem-estar de todos os seres vivos é desejar para eles o despertar, o conhecimento.

10.6 Tempo de meditação

Vivamos este tempo de meditação como um dom. Doemos de nosso tempo, doemos de nosso corpo, doemos de nosso espírito, doemos de nossa atenção, doemos de nossa respiração. A quem o doamos?

Podemos oferecê-lo a alguém preciso, a uma pessoa que nos é cara, a uma pessoa que se confiou à nossa meditação ou às nossas orações. Dirigir esta energia, pelo coração, pelo pensamento, em direção a esta pessoa pode ser, às vezes, um apoio e uma ajuda. Ofereçamos para seu bem-estar este tempo, esta respiração, este momento que nos é dado.

Podemos confiar esta energia ao Respiro ou ao Sopro, à Vida. Convidemos o Vivente para abençoar tudo o que existe, acolhamos no coração, no espírito, o mundo tal como ele é, o mundo com os seus sofrimentos, com as suas interrogações. Tudo está em nós, respiremos profundamente com ternura, com amizade e com lucidez, "para nosso bem-estar e para o bem-estar de todos".

11
A disciplina

A segunda *paramita* ou segunda perfeição: a disciplina. Como manter unidas a disciplina e a liberdade? Para nós a disciplina vai contra a liberdade. Ora, ninguém nos obriga a esta disciplina, ela está ligada ao voto. "Por que é que fiz isto? Porque eu fiz o voto disso! Porque acho que é a atitude mais justa, a atitude menos limitada, a mais aberta e aquela que me permite ter acesso à própria experiência do Vivente".

É uma decisão livre. A disciplina é um meio que a gente se dá para chegar ao "Ele". É um meio que trabalha sobre todos os través, sobre todas as dificuldades, doenças, patologias do "eu" para tornar este que aí está cada vez mais disponível ao "Ele", a este estado de despertar, a esta natureza essencial que habita em nós. Esta disciplina propõe um certo número de exercícios e de observação. O principal exercício consiste em tomar consciência de nossas reações, instante após instante, consiste em ver em que ponto nós estamos presos na armadilha das reações.

Na tradição, esta disciplina é codificada naquilo que se chama os dez atos negativos e os dez atos positivos: trata-se de observar os atos negativos do corpo, depois os atos positivos do espírito e os atos negativos da palavra.

12
Três atos negativos do corpo

Fazer o voto de salvar todos os seres, de ter um coração imenso, de estar aberto a todos e de não ter medo do sofrimento não basta, é necessário também "praticar". A prática começa onde nós estamos, e, lá onde estamos, está o egoísmo, estão os comportamentos mais ou menos errôneos que nos impedem de experimentar o fundo de nosso ser.

12.1 Tirar a vida

O primeiro ato negativo do corpo é o de matar ou, mais exatamente, o de tirar a vida, de apropriar-se da vida. Quando a gente mata, em geral, mata seja por apego – para apropriar-se de alguma coisa ou de alguém –, seja por agressividade. O objetivo do ensinamento é o de fazer-nos entrar em uma atitude de não apego, de não agressividade, de não nocividade, de não destruição da vida, em uma atitude de respeito pela vida sob todas as suas formas, humana, animal e vegetal.

O *bodhisattva* evitará "tirar" a vida sob todas as suas formas. Não matar, não destruir, é estar numa atitude de respeito com relação a tudo o que existe. Na sua vida, o *bodhisattva* estará atento aos seus atos e ao seu comportamento. Alguns se colocam a questão da alimentação. Estamos num mundo em que a vida é feita da morte dos outros: nós nos alimentamos de animais que alguém matou, e os matou para alimentar-se a si mesmo...

O Buda foi morto por uma indigestão de carne de porco estragada. Não era sua refeição habitual, mas ele foi convidado por uma mulher que não tinha senão um pouco deste guisado a oferecer-lhe; era tudo o que ela tinha para oferecer-lhe, e ele aceitou. Esta aceitação, este não medo, provocará sua morte, mas ele estava numa atitude de compaixão. Não podemos fazer de Buda alguém incomodado pelo alimento como alguns pretenderam, isto seria esquecer que a compaixão é para ele mais preciosa do que a perfeição.

Os lamas tibetanos comem carne. O Dalai-Lama gosta de dizer: "O importante é receber o alimento como um dom que nos oferece o animal ou a pessoa que nos alimenta. O fato de aceitá-lo como um dom e de oferecê-lo, recoloca-o na corrente da vida". É uma atitude não fechada, não dogmática, que se adapta às circunstâncias.

Kalou Rimpotché ia aos mercados e comprava peixe para lançá-lo ao mar... Isto para mostrar de uma maneira um pouco espetacular o respeito pela vida sob todas as formas. No cristianismo, temos que aprender neste campo: nós estamos muito preocupados com a vida humana, mas esquecemo-nos de que ela depende da vida animal e do meio ambiente.

É preciso matar cada vez menos e transfigurar a morte pela oferenda, pela consagração e pelo reconhecimento do que nos é feito; receber uma refeição como um sacrifício, como um dom, como uma oferenda da vida. Todo ser se doa a um outro. Em muitas histórias budistas, os animais oferecem-se em alimento aos homens que têm fome. É necessária também a gratidão para com todos os elementos que nos nutrem e se doam a nós para nos permitir crescer.

Esta vida nos é doada para que, de nossa parte, nós a doemos; é assim que ela "circula" e se reproduz. Cada vez que alguma coisa nos é dada, nós devemos dá-la de novo, senão ela apodrece em nós, senão ela nos torna infelizes e doentes. Muitos dos sofrimentos e das doenças vêm daquilo que uma potencialidade de amor não se exprime em nós. Buscamos objetos "dignos" de nosso amor, mas tudo é "digno" de nosso amor. Se nós não podemos amar esta pessoa que nos atrai e nos fascina, podemos amar outras pessoas, ou até mesmo um pedacinho de erva. A Vida tem outros rostos além daquele com o qual a gente a identifica, tem outras "formas" além daquelas em que a gente pensa reconhecê-la.

Isto me lembra um conto de Natal: Um homem tinha uma entrevista com seu mestre que lhe havia dito que passaria em sua casa no dia de Natal. No dia marcado, o homem se prepara para acolher seu mestre e espera sua passagem. Passam um mendigo e, depois, uma mulher, que pedem hospitalidade.

– Não, não posso receber-te, porque espero meu mestre. É para ele que preparei a mesa, espero alguém, mas não a ti! – responde ele cada vez.

Finalmente, chega o senhor e lhe diz:

– Este mendigo, esta mulher que bateram à tua porta eram eu!

Há em nós uma capacidade de dom, de acolhida e de receptividade que é feita para ser vivida. Se nós doamos nossa vida, ninguém pode mais tomá-la de nós. Os *bodhisattvas* e os santos não têm medo de morrer, porque ninguém pode arrancar-lhes a vida, eles a doaram. Nós, pelo contrário, nos agarramos. Quando vocês acompanham moribundos, podem ver a que ponto alguns se agarram até ao último momento a alguma coisa que não é feita para durar, ao passo que outros se doam e doam até ao último suspiro. A propósito da morte de Jesus, diz-se em geral: "Ele entregou o Respiro (ou Sopro)", mas seria mais conveniente traduzir literalmente: "Ele transmitiu, Ele deu seu Respiro (ou Sopro)".

No momento de morrer, certas pessoas doam ainda alguma coisa a vocês, e vocês recebem então com enorme alegria, porque sentem que elas a transmitem verdadeiramente. Há uma transmissão de uma mãe a seu filho, de um pai a seu filho ou de um mestre a seus discípulos.

Na via da compaixão, é-nos lembrado que tudo aquilo que nós temos, tudo aquilo que nós somos nos será tirado, e que é doando, é partilhando, que saímos de uma atitude de agarramento; isto nos permite experimentar aquilo que não nos pode ser arrebatado, experimentar em nós a força e a presença do dom.

12.2 Tirar aquilo que não nos é dado (o roubo)

Podemos querer apoderar-nos das coisas que não nos são dadas, por apego ou por agressividade, pela força ou pela mentira. Alguns dirão: tudo aquilo que alguém tem de supérfluo consigo é roubado àqueles que delas têm necessidade. Por que acumular? Porque a pessoa tem medo, porque ela está na insegurança. É sempre o "eu" que está na angústia, na ansiedade; então, a pessoa identifica-se com aquilo que ela possui e acumula.

Entrar na via da compaixão é descarregar um pouco os nossos armários, dar lugar, dar espaço. Em geral, nós nos sentimos melhor. Não se trata, portanto, de uma lei exterior; ninguém tem o direito de dizer a vocês: "Esvaziem seus armários!" ou "Faz muito mal ter os armários cheios". Não se trata de obedecer a alguém a partir de fora ou a uma regra moral; cabe a cada um, em seu encaminhamento interior, sentir, num determinado momento, que isto sufoca, que falta espaço, que o "roubo" não consiste somente em tomar aquilo que não nos pertence, mas também em acumular coisas que poderiam ser úteis aos outros.

Isto pode tornar-se simples e evidente, mas antes de se chegar lá, o coração deve abrir-se ao "Ele"; de outra maneira, é um "eu" que de novo quer fazer o bem para que isto seja sabido. Um ato justo flui da fonte, não há nenhuma necessidade que outros sejam informados disso. O bem-estar do outro faz parte de nosso bem-estar, não está separado.

12.3 O mau uso da sexualidade

A sexualidade é uma coisa boa, visto que é um elemento do composto humano, mas não se pode fazer dela um mau uso, contradizendo esta atitude de não apego e de não agressividade, utilizando dela de maneira destrutiva, possessiva, agressiva. A compaixão impede-nos de tratar o outro como um objeto. A sexualidade faz parte do dom e da energia que está em nós, ela é o desejo de doar-se e de receber, uma relação entre dois sujeitos.

Quando digo sexualidade, não faço obrigatoriamente referência à genitalidade. A sexualidade é o fato de ser sexuado, é o fato de alguém ser um homem ou uma mulher. Há uma maneira feminina e uma maneira masculina de doar-se. Esta capacidade de dom pode exercer-se sob uma forma genital, mas igualmente sob outras formas.

Quando a sexualidade é utilizada de maneira destrutiva ou passional, ela reforça o "eu": serve-se do outro para dominá-lo ou para apropriar-se dele, em vez de viver a relação de troca e de partilha. Isto a gente encontra em muitas situações: ter uma relação sexual com alguém é, muitas vezes, apropriar-se – "Esta pessoa pertence unicamente a mim!" Sem dúvida, há uma ligação entre sexualidade e propriedade, e aí está por que o *bodhisattva*, pressentindo em um momento de sua vida tudo aquilo que elas podem ter de possessivo e de apego, evita as relações sexuais. Isto não quer dizer que ele rejeita a sexualidade, mas que ele a exerce de uma outra maneira.

13
Três atos positivos do corpo

O assassinato, o roubo, a utilização destrutiva ou passional da sexualidade são três atos negativos do corpo que podem impedir-nos de ter acesso à nossa natureza essencial, impedir o desdobramento em nós da vida do Espírito. Mas, ao lado desses atos negativos, há também forçosamente os atos positivos que, aliás, já evocamos.

O bom médico não é aquele que se desespera diante da doença ou que fica maravilhado diante da saúde, mas aquele que olha a doença, lembrando-se da saúde. Alguns médicos se esquecem de que a doença é, muitas vezes, uma maneira de se curar (de um mal mais profundo).

A via da compaixão propõe-nos olhar nossas maneiras de nos apropriarmos das coisas, de ver as pessoas, olhar as nossas diferentes maneiras de destruir, nossa maneira de roubar, de possuir; observar tudo isto na vida quotidiana faz evoluir nossas atitudes e permite-nos tornar-nos cada vez mais livres frente a elas. Observar os aspectos negativos de nosso ser, mas não nos esquecer de desenvolver as qualidades positivas de nosso ser: proteger, doar, fazer bom uso da sexualidade.

13.1 Proteger

Diante de um assassinato, o primeiro ato positivo deve consistir em proteger a vida sob todas as suas formas – humana, animal, vegetal –, em participar, tanto quanto possível, dos ciclos da natureza e em respeitá-la. Deste modo, teremos notado a evidente dimensão ecológica desta atitude. Para o *bodhisattva*, ter o cuidado de todos os seres quer dizer ter o cuidado da natureza, dos animais e dos humanos, estes animais doentes da razão.

Alguém que sabe ter o cuidado de suas plantas ou de seus animais saberá também ter o cuidado dos seres humanos – a menos que ele não projete sua possessividade sobre os animais. A gente vê isto nas pessoas que não têm qualquer relação com os seus semelhantes e que projetam sobre os animais toda a sua ternura, de que seus vizinhos teriam talvez necessidade. Este animal não é respeitado como animal, ele se tornou uma coisa, uma propriedade que pertence a alguém; no entanto, esse animal não é um objeto, ele também tem necessidade de um espaço.

13.2 Doar

A segunda atitude positiva consistirá não somente em nos abster de tirar aquilo que não nos é dado, mas também em aprender a doar, em desenvolver em nós a generosidade, esta participação na vida divina.

13.3 O bom uso da sexualidade (a castidade)

Não se trata de negar ou de reprimir a sexualidade, mas de utilizá-la de maneira mais fina, mais inteligente, mais amorosa, trata-se de vivê-la numa atitude justa e religada ao amor.

No cristianismo, esta atitude se chama castidade. Para muitos, castidade quer dizer continência, mas é algo de mais sutil e de mais interessante: consiste simplesmente em nunca tratar o outro como um objeto. Consomem-se os objetos, consome-se a natureza, então eles são consumidos e destruídos; igualmente, consomem-se uns aos outros... Quando toco um corpo, isto não é uma coisa, é uma pessoa! Fazer amor com alguém é fazer amor com uma pessoa, não com um objeto de prazer, e isto é, portanto, sair desta atitude de consumo. Em vez de ser um lugar de consumo, a sexualidade pode ser um lugar de comunhão. A castidade é o que torna possível a comunhão.

"Aquele que olha uma mulher com cobiça já cometeu adultério", diz Jesus no Evangelho. Esta frase irrita um certo número de pessoas, mas inclinemo-nos sobre sua significação. Olhar uma mulher com cobiça não é vê-la como mulher, mas como objeto, portanto, é passar ao lado dela como pessoa, passar ao lado de uma relação humana possível, o que é uma pena e significa passar ao lado da realidade.

O pecado é errar o alvo, é passar ao lado daquilo que é, deixar escapar o ser tal qual ele é. Devemos transformar nosso olhar, parar de nos apropriarmos dos seres ou de reduzi-los a objetos de consumo.

Pode-se até consumir a espiritualidade; o espírito de consumista está em todos os níveis! A castidade é uma atitude de amor e de respeito diante do mistério do Ser, é o sentido do Sujeito jamais redutível a objeto.

Ter castidade com relação às coisas e ao universo é não querer descobrir seu segredo. Em certas atitudes científicas, falta castidade quando, esquecendo-se de que as "coisas" são seres vivos, a pessoa tenta descobrir o segredo delas. A atitude justa busca compreender os mistérios do universo, sabendo que eles não são para ser tomados, mas que eles podem doar-se, revelar-se a nós. Aliás, isto é frequente no momento em que o cientista se descontrai em sua vontade de tomar e de compreender que ele recebe as revelações "daquilo que está aí".

No meio analítico, pode-se também faltar à castidade! Não faço referência ao genital, mas à atitude de espírito, porque a castidade é uma atitude de espírito. Pode-se dizer que uma pessoa tem momentos paranoicos em que está numa estrutura esquizofrênica, mas não se disse tudo! Faltar à castidade é dizer que o outro não é senão isto e fazer dele assim um objeto, um caso que a gente pode classificar, etiquetar.

Seja qual for sua prática médica, o terapeuta deveria reconhecer que está diante de um mistério, diante de um ser cujo segredo lhe escapa... Respeitar este segredo é também respeitar sua "natureza divina", quer dizer, aquilo que escapa ao seu empreendimento e a seu conhecimento: "Posso dizer a vocês um certo número de coisas sobre vocês mesmos, mas isto não é o que vocês são. O que vocês são é infinitamente mais do que o que eu compreendo. Com aquilo que eu compreendo a respeito de vocês, de sua doença, de seu sofrimento, eu tento fazer de maneira que isto caminhe melhor, mas há sempre em vocês alguma coisa que me escapa".

Quando se fala de "libido", de boa utilização do desejo sexual, de castidade, isto não é simplesmente em nível genital. Neste nível, é preciso cuidar para que as relações não se deteriorem, não se esquecer de que o outro é "alguém". Esta atitude de castidade pode ir muito mais longe em nossos relacionamentos com as pessoas e nos nossos relacionamentos com a matéria. É um certo modo de conhecimento que respeita o mistério, que respeita a alteridade que está em todo outro.

Nova pergunta sobre o desejo

Esta pergunta nos lembra a legitimidade do desejo, e estamos muito de acordo. Falamos sobre a possível desorientação do desejo. E o desejo é mal orientado à medida que há tendência a apropriar-se, a coisificar, a parar. A má orientação é a fixação, é a redução do sujeito a um objeto, é transformar a água viva em bloco de gelo sob o gelo de meu olhar.

Vocês têm razão de dizer que o desejo é o próprio movimento da vida em nós. É dizer que a gente apreciará preferentemente uma flor quando ela não é arrancada. Trata-se de não parar a onda do desejo em nós, de não querer fixá-lo. É normal ter um movimento de desejo para com um homem ou uma mulher, é sinal de saúde; mas querer fechá-lo nesse desejo pode dar lugar a sofrimentos e dependências, tanto físicas quanto psicológicas.

É apaixonante observar, em nível concreto, o que pode mudar em nossas relações uma atitude "aberta", uma atitude de desejo "fluido" que não busca nada de particular: o amor está presente não somente num momento preciso, mas em todos os momentos, em todos os gestos.

Se numa relação íntima com uma pessoa, esta pensa imediatamente "naquilo a que é preciso chegar", isto envenenará todo o resto. Por que falar de "preliminares", como se houvesse um objetivo preciso a alcançar? Nesse caso, o desejo é mais ou menos obsessivo, mais ou menos fixo em tal ou tais de suas manifestações. Se, pelo contrário, a pessoa está nesta fluidez do desejo, as coisas se passam de outra maneira: o prazer vem como que para santificar, como que para exultar na presença deste encontro; e o prazer é aquilo que há de maior, de mais sadio e de mais santo no encontro. E é tanto maior quando a gente não faz dele uma obsessão; não o tendo buscado, ele vem "por acréscimo".

"Buscai primeiro o reino, e o resto ser-vos-á dado por acréscimo", diz uma palavra do Evangelho. Se vocês buscam em vocês primeiramente o amor, o dom, o reino do espírito, tudo lhes será dado por acréscimo. Mas se vocês buscam primeiramente o prazer, a paz, a iluminação..., vocês correm o forte risco de perdê-los.

Pergunta: Não estamos aqui jogando com as palavras? No mundo em que vivemos, o prazer não está ligado à sedução, ao fato de nos percebermos como objeto do desejo do outro? O prazer de que o senhor fala não é uma espécie de não prazer?

Há diferentes estilos e níveis de prazer. Certamente, há o prazer do "eu" com sua necessidade de ser reconhecido, que se alimenta da sedução: este tipo de prazer está sempre ameaçado, porque haverá sempre pessoas a quem a gente não agradará mais, haverá momentos em que – por razões de cansaço, de velhice, de doença – esse poder de sedução desaparece. Para certas pessoas, envelhecer é um verdadeiro drama, porque elas perdem sua sedução e tudo aquilo que as confirmava em seu "eu", em sua imagem narcisística, que elas descobrem então como ilusória.

Ora, queremos despertar para um estado de consciência, para um estado de ser em que o prazer não depende do prazer do "eu". Eu não diria que é um não prazer, eu diria que é um outro prazer, uma outra qualidade de relação que nosso "velho eu" tem dificuldade em aceitar e compreender. Em certos momentos de nossa existência, é-nos dado experimentar e apreciar isto, compreender que há outros prazeres além daqueles aos quais nós estamos frequentemente apegados.

Às vezes, é necessário viver coisas duras, rupturas, feridas narcisísticas que quebram a bela imagem que nós nos fazemos de nós mesmos para descobrir, de uma parte, que não somos aquilo com que nos identificamos e, de outra parte, que não ter mais este ou aquele prazer não significa forçosamente a perda da felicidade e do bem-estar.

Pergunta: Como é possível aceitar a realidade como uma transcendência? Pode alguém ser agnóstico sem ser ateu?

É necessário que haja um entendimento a respeito das palavras: quando você diz "ateu", diz "aquele que não tem Deus". Qual

Deus? Trata-se, muitas vezes, de uma imagem que nos foi ensinada. Alguém pode ser ateu e crer na Vida, no Vivente que habita em nós. Ora, Deus é a Vida. O próprio Cristo disse: "Eu sou a Verdade e a Vida". As palavras são, muitas vezes, fixações: "Sou ateu, sou isto, sou aquilo [...]". O importante é observar quais qualidades de existência somos capazes de acolher, de descobrir daquilo que está aberto no ente; o que nos escapa ou o que nos transcende não é o menos precioso.

Há ateus que dizem que Deus não existe, quer dizer, eles não fazem para si uma imagem e não dão nome ou rosto preciso à Realidade Última, o que não os impede de viver na intimidade desta realidade transcendente que ultrapassa os limites de seu ego. Existem caminhadas não religiosas, não dependentes de uma tradição, mas o papel de uma tradição ou de uma religião é o de levar-nos a esta experiência da Realidade.

São, portanto, os agnósticos?

Por que etiquetar sempre os nossos comportamentos? Todo ser humano, seja ele quem for, sejam quais forem as etiquetas, pode ter acesso à Realidade de que falamos. Todo ser humano tem um coração, e este coração pode alargar-se, amando; todo ser humano tem uma inteligência, e esta inteligência pode ver claramente; todo ser humano pode abrir sua humanidade ao que transcende sua humanidade... Então, ele se torna verdadeiramente humano.

É o ponto de vista de Nietzsche: "O homem é um ponto e foi feito para ser ultrapassado". Alguém se torna Homem à medida que se abre ao mais do que o homem, de outra maneira, não é verdadeiramente humano. O homem torna-se humano nesta capacidade de abertura à transcendência. É o que torna o homem "aberto", não fechado em sua natureza mortal. Mas esta abertura depende da livre escolha do homem: ele pode fechar-se, enclausurar-se em seu ego, enclausurar-se em seu "ser para a morte".

O "eu" tem, às vezes, demasiado sofrimento, demasiada infelicidade da humanidade e de suas próprias preocupações, e ele decide então abordar a realidade de uma outra maneira. O que nos é proposto aqui é abordar a vida de uma outra maneira, é ver que esta maneira pode tornar-nos mais felizes. Verifiquem!

14
Quatro atos negativos da palavra

Observemos, de novo, nossas palavras e nossas atitudes. Há quatro maneiras negativas de utilizar a palavra.

14.1 A mentira

Por que alguém diz coisas falsas? Para proteger-se, para fazer-se valer: é sempre o mesmo mecanismo. Comecemos por tentar afastar de nossa vida "aquilo que não é" para dizer a verdade, "aquilo que é [...]".

– Que é o *nirvana*? – perguntei eu um dia ao Dalai-Lama.

– Aquilo que é é, aquilo que não é não é – respondeu-me ele.

É também uma palavra do Buda. Confesso ter ficado um pouco decepcionado, porque eu esperava uma resposta que me fizesse pairar um pouco. O *nirvana* evocava para mim o maravilhoso, mas é simplesmente ver as coisas tais como elas são.

No Evangelho, Jesus diz: "Que vosso sim seja sim, que vosso não seja não". Vocês conhecem a tradução latina: *Est, est – non est, non est*. Tudo o que é dito a mais é acréscimo, é do mental, é da ilusão. Dizer as coisas tais como elas são, nem mais nem menos. Muitas vezes, quando a pessoa fala, sobretudo de si, ela acrescenta ou tira um pouco. Tirar não é humildade. A humildade é simplesmente dizer o que é, nem "mais" nem "menos".

14.2 A cizânia

A segunda maneira negativa de utilizar a palavra consiste em criar a desarmonia pelas palavras que provocam dissensões, consiste em semear a cizânia.

A palavra é uma coisa maravilhosa, o próprio órgão da relação, o que nos permite entrar em comunicação uns com os outros. Graças a ela, o Buda pode partilhar alguma coisa de sua experiência, o Cristo pode partilhar a informação criadora que nele habita. Pela palavra, pode-se ensinar, ajudar. Certas palavras nos salvaram, nos colocaram de pé, nos recolocaram na rota, mas outras nos mataram! A palavra é perigosa! Nós arrastamos conosco, em nossa vida, duas ou três frases entendidas, quando muito jovem, e que não cessaram de destruir-nos: "Tu nunca chegarás a nada!", "De qualquer maneira, o que quer que fazes, está malfeito [...]".

Ter cuidado com aquilo que dizemos é extremamente importante, e esta prática nos mobiliza no concreto da vida quotidiana. No Evangelho, Jesus insiste nisto de maneira particular: "De toda palavra sem fundamento se terá de prestar contas no dia do julgamento". Quer dizer, toda palavra não fundada na realidade, mas fundada no "ouvi dizer": "Foi-me dito que [...]". Pouquíssimas palavras estão fundadas no real...

Quando entendemos as palavras, em que elas estão fundadas? Os semeadores de cizânia insinuaram em nossos ouvidos duas ou três frases que visam a manchar a reputação de uma pessoa? Certos boatos podem matar: pessoas suicidaram-se por causa de maledicências, de comentários ou fofocas, de palavras infundadas.

"É da abundância do coração que a boca fala!" Isto quer dizer que a gente julga alguém por suas próprias palavras. Quando uma pessoa nos fala de uma outra, ela fala menos desta outra pessoa do que de si mesma, fala de seu estado de espírito, de sua visão do outro. Faz parte da boa psicologia: tudo é simplesmente uma evidência! É por isso que Jesus dizia: "Não julgueis para não serdes julgados, porque sereis julgados com o mesmo julgamento com que julgardes".

A gente encontrará esta mesma insistência nas passagens do Evangelho em ressonância com as palavras do Buda: vigiar a respeito de nossa linguagem. A palavra pode ser luz, mas ela pode também destruir. "Aquele que domina sua língua domina seu corpo", dizia São Tiago. É mais difícil dominar sua língua do que a do dragão ou a do leão, porque com sua língua alguém pode atear fogo. Esta atenção a todas as palavras negativas – que não são informações, mas mentiras, calúnias, fofocas – é um exercício de domínio não somente de nosso corpo, mas de todo o nosso ser.

A compaixão é sem complacência, ela é lucidez. Quando há alguma coisa a dizer, não é necessário hesitar, mas as palavras que criam a dissensão e a desarmonia são inúteis: não é necessário colocar lenha na fogueira, acrescentar cizânia à cizânia. Não é preciso acreditar tampouco que alguém vai resolver todos os problemas, calando-se: há silêncios que matam, há silêncios de morte.

Encontrar a palavra justa e o silêncio justo.

Na via da compaixão, trata-se de ver até que ponto certas palavras são inúteis, até que ponto elas podem fazer mal: é necessário evitá-las, ser claro a respeito daquilo que é dito e a respeito daquele a quem é dito.

14.3 Os insultos

A terceira maneira negativa de utilizar a palavra consiste em mostrar-se ofensivo, agressivo, consiste em insultar. O *bodhisattva* não insulta, da mesma maneira que o Servo de Yhaweh na Bíblia, "aquele que vem não para ser servido, mas para servir". No texto de Isaías diz-se: "Ele não elevará a voz na praça pública, não extinguirá a mecha que ainda fumega".

Esta atitude de não violência na linguagem não significa falta de firmeza. Firme, clara e concisa, nossa palavra terá peso e energia. Para que acrescentar desprezo, violência, insulto? O insulto destrói o outro, rebaixa-o, suja-o e impede a comunicação: não há mais escuta, não há mais relação possível. Nesta via para o despertar, a gente diz verdadeira e firmemente aquilo que pensa, mas evita dizê-lo sob a forma de insulto, sob a forma de violência, a fim de não destruir o outro, de não fechar o diálogo.

14.4 A tagarelice

A quarta má utilização da palavra é a tagarelice. Para o *bodhisattva*, tagarelice é energia perdida, é força desperdiçada – uma *anima* mal-integrada, diria um psicólogo. A dimensão feminina mal-integrada em nós é uma palavra não criativa, não fecunda, uma palavra que gira em volta, remexe e desloca os conceitos, as palavras; dizendo brevemente: "muito barulho para nada".

Palavras fúteis: falar porque a pessoa está angustiada, porque não suporta o silêncio do outro (em certos grupos, que angústia, que mal-estar, quando há muito silêncio!). É difícil estar em silêncio perto de alguém e sentir que esse silêncio não é forçosamente negativo: é bom que a gente esteja junto, não tenha simplesmente nada a dizer. No entanto, por medo do vazio, alguns se sentem obrigados a mobiliar esse silêncio. Tagarelar é encher o vazio com nada.

Mas, em certos silêncios pesados, cheios de ameaças, é bom dizer uma palavra, mesmo banal, é bom trocar um sorriso, uma aquiescência; estar juntos em silêncio torna-se, então, possível. Por exemplo, em um trem, numa sala de espera, às vezes, se instala um mau silêncio; basta, então, dizer uma palavra, depois a gente volta ao silêncio, mas é um outro silêncio, porque se estabeleceu uma comunicação, uma benevolência. Não se trata nem de calar-se sistematicamente nem de falar sistematicamente.

Muitas vezes, despendemos muita energia na tagarelice: essas palavras fúteis nos impedem não somente de dizer palavras verdadeiras, mas também de entender as palavras verdadeiras.

Estas quatro maneiras negativas de utilizar a palavra: a mentira, a cizânia, a maledicência, a tagarelice, são causas de dores e de destruição. Encontra-se esta tradição nos Padres do Deserto: "Falai, falai, restará sempre alguma coisa".

Uma pequena história a este propósito: um jovem noviço tinha a língua um pouco solta e não podia deixar de fazer "reflexões" sobre cada um. Um dia, seu Ancião (mestre) lhe ordenou que fosse procurar um peru. Quando ele volta com o peru, ele lhe diz:

– Agora, depena-o!

O noviço tratou de cumprir a tarefa e, quando ele depenou o peru, o Padre lhe diz:

– Agora, recoloca suas penas!

O jovem noviço ficou estupefato:

– Mas isto não é possível, ele está depenado, eu não posso recolocar-lhe as penas!

– Pois bem, tu percebes, tu fazes a mesma coisa, quando dizes uma má palavra a respeito de um de teus irmãos; tu o depenas, e sua reputação corre o risco de ficar perdida para sempre.

Quando as pessoas se "depenam" umas às outras, é preciso saber que resta sempre alguma coisa de irreparável. Não se pode chamar isso um crime, mas são pequenos golpes de faca que matam lentamente.

15
Quatro atos positivos da palavra

Da mesma maneira, há quatro maneiras positivas de utilizar a palavra.

15.1 Falar francamente

Esta consiste em falar de maneira franca, em dizer aquilo que pensamos, mesmo sabendo que é nossa maneira de perceber e de interpretar as coisas, que não é a realidade. Um cientista dirá hoje: "Aquilo que chamo de verdade é a interpretação do Real dada pelos meus instrumentos mais ou menos sutis, mas a realidade é infinitamente mais ampla do que aquilo que eu posso apreender dela".

Em nossa maneira de falar, afirmamos, muitas vezes: "É verdadeiro, porque eu o penso, é isto e nada além disto"; então, uma atitude de autenticidade, de verdade, permanece lúcida sobre os limites do que sabemos, do que interpretamos como real.

15.2 Falar o bem

A segunda atitude positiva consiste em dizer palavras que conduzem à harmonia, em dizer o que vai bem em lugar de dizer o que vai mal nos outros. Falar bem do outro é, para alguns, um exercício quase impossível, tanto isto lhes é fora do comum! Porque somos, sobretudo, dotados para ver o que não vai bem no mundo, nos outros e em nós mesmos.

Podemos assim também utilizar a linguagem para dizer o que vai bem, evidentemente sem nos forçarmos, porque isto soaria falso. Em um momento, o que nos interessa no outro é o que ele tem de melhor; tenta-se compreendê-lo, ver o que é positivo nele e em seus atos. Estava aí uma prática de São Domingos, o fundador dos dominicanos: "Jamais dizer mal de um irmão ausente". A gente pode dizer a um irmão aquilo que a gente tem no coração ou participar-lhe seu desacordo, mas unicamente em sua presença, a fim de que ele possa defender-se: é uma atitude justa.

15.3 Preservar um espaço para a escuta

A terceira maneira de utilizar a palavra justa é não somente evitar as palavras ofensivas, agressivas, mas também não submergir o outro com nossa onda verbal, deixar um espaço para a escuta. Todos nós conhecemos pessoas que não escutam: elas falam, dizem coisas, e a pessoa é tomada por uma espécie de onda, é como que esmagada.

Quando eu falo, eu escuto. Falo a alguém, deveria, portanto, haver entre nós um espaço, um espaço para a resposta, um espaço para o outro.

15.4 Falar de maneira clara e concisa

A quarta maneira de utilizar a palavra justa consiste em desembaraçar-se do supérfluo, em ter coragem do silêncio, em exprimir-se de maneira clara e concisa. É um exercício que supõe uma certa qualidade de coração. Falar não é mostrar sua inteligência, "brilhar"; falar é querer ser compreendido e tornar o outro inteligente. É verdade que certas ciências supõem uma linguagem precisa, necessária, quando se quer falar entre especialistas; mas acontece que o ego gosta de mostrar que sabe coisas que os outros não sabem.

Médicos, filósofos ou cientistas utilizam, algumas vezes, termos sofisticados, colocando-se como "sujeitos que supostamente sabem". Falar a alguém, tentar fazer-se compreender, exige coração e nuanças, precisões em nível de linguagem. Pode-se sentir na maneira de comunicar ou de ensinar se há coração ou não. Quando há coração, a gente tenta tornar compreensíveis as coisas complexas; pelo contrário, quando não há coração, a gente se serve do que diz para esmagar o outro, para culpabilizá-lo por seu não saber, para impedi-lo de sair de sua ignorância.

Estar numa via de compaixão não é somente formular o voto de salvar todos os seres, é colocar em prática nos atos concretos, nos atos de nosso corpo que fala. Vigiar sua palavra contribui, deste modo, para o bem-estar de todos os seres vivos. Não envenenar a vida, não destruir por nossas palavras, pelo menos respeitá-la, mesmo se nós não somos ainda capazes de celebrá-la.

Pergunta: Por que, em regra geral, há em nós mais espírito crítico do que palavras positivas e benevolentes?

Prestem atenção ao sentido que a gente dá ao termo "crítica": na sua origem, o espírito crítico não é aquele que "critica incessantemente", mas aquele que tem discernimento. É necessário distinguir o espírito crítico, que é bom e útil, de espírito "de" crítica, que procura prejudicar.

Por que esse espírito de crítica que se deleita em destruir? Donde vem isto? Somente há casos particulares. Podemos criticar incessantemente, porque temos todas as espécies de memórias; "repetimos" atitudes, foi-nos ensinado que, antes de tudo, devemos desconfiar de nós, não há mais um *a priori* de benevolência.

No fato de criticar o outro, a pessoa se coloca um pouco acima, é sempre uma atitude do ego que tem necessidade de se consolidar e que o faz em detrimento do outro.

Na via da compaixão, a pessoa pode ser inteligente sem que os outros, todavia, sejam imbecis. Se a pessoa é inteligente, é para que todo o mundo seja menos ignorante. Quando o outro não compreende, quando há ignorância, é porque nossa verdade não foi bem comunicada. Nosso conhecimento e nossa lucidez não foram transmitidos.

A atitude do "eu" que se afirma em detrimento do outro, torna o outro mais estúpido e o fecha em seu sofrimento, pois a ignorância é um sofrimento. Não conhecer o sentido da vida, não compreender aquilo que fazemos na vida é um verdadeiro sofrimento; nossa inteligência pode aumentar este sofrimento ou, pelo contrário, pode ajudar a sair dele.

A via da compaixão propõe-nos sair de nosso ego, deste pacote de memórias que nos compõe; não há ninguém a acusar, é preciso, pelo contrário, como diziam Dostoievski e Lévinas, "fazer-se responsável de todos e por todos".

Como sair deste espírito de crítica? Expressões populares como "revolver sua língua sete vezes na boca antes de falar", dão a chave: esse exercício físico nos torna conscientes de nossa língua, do som, das palavras que saem de nossa boca e permite, pouco a pouco, sair das palavras negativas e ofensivas que destroem o outro em nós mesmos.

15.5 Tempo de meditação

Ofereçamos cinco minutos de belo silêncio. Isto não é "faltar" palavras, tem-se o direito de calar-se.

A palavra não é má, mas ela pode ser inútil ou destruidora.

Aproximemo-nos de uma palavra que seja tão bela como o silêncio, de um silêncio que seja tão belo como nossas palavras mais doces, mais verdadeiras.

Na fonte da palavra está o Respiro, o Sopro.

Aproximemo-nos desta fonte da palavra que está no Respiro e desta fonte do Respiro no começo da inspiração, no final da respiração: o silêncio da Presença.

16
Três atos negativos do espírito

Nesta via da compaixão, falta-nos ainda observar três atos negativos e três atos positivos do espírito.

16.1 A possessividade

O primeiro aspecto negativo é a possessividade, o apego. Por exemplo: tenho um relógio numa mão; se me agarro a esse relógio (em vez de relógio, coloquem alguma outra coisa ou alguém), tenho um relógio, mas não tenho mais a mão, porque ela está ocupada. Aquilo a que estamos apegados nos agarra; aquilo que possuímos nos possui. Observemos esta contração nas nossas mãos, observemo-la no corpo dos moribundos que se agarram aos lençóis de seus leitos: pode-se sentir esse movimento de medo em certas pessoas que enrijecem suas espáduas, seus rins, seus pés.

A saúde é poder abrir e fechar; mas não se trata de passar de um extremo ao outro, como muitas vezes a gente faz: não se deve apegar, portanto, eu me desapego, e é a indiferença. Não posso fazer nada de uma mão sempre aberta (tudo escapa!). A mão pode segurar para doar, ela pode receber, abrir-se, fechar-se.

É a mesma coisa em nível do coração. Não se trata de agarrar-se a alguém, mas de descerrar seu amplexo; não se trata tampouco de enclausurar-se dentro de uma relação exclusiva, recusando conhecer quem quer que seja fora de tal ou tal pessoa e não se enclausurando em certas famílias ou relações. O coração deve abrir-se, descerrar seu amplexo; mas dizer "amo todo o mundo" é igualmente suspeito, porque isto significa, muitas vezes, dizer "não amo ninguém".

É necessário também ser capaz de tomar, de receber, de abraçar. O coração pode tornar a fechar-se em um rosto particular e amá-lo, mas sem retê-lo, sem oprimi-lo. Abrir-se sem perder-se, colocar limites a si mesmo sem enclausurar-se.

16.2 A malevolência

O segundo aspecto negativo de nossas atitudes interiores é a malevolência. Conhecemos pessoas que têm um *a priori* de malevolência: "*A priori* isto é mau, *a priori* não andará, *a priori* vocês são imbecis, *a priori* [...]". Este lado negativo, sejam quais forem as circunstâncias, é um veneno do espírito.

16.3 Agarrar-se a concepções

Agarrar-se a concepções, não ter flexibilidade de espírito é um outro veneno. O que é verdadeiro num momento não é mais verdadeiro em outro momento; a realidade muda sem cessar, e a pessoa fica agarrada. Ter o "punho cerrado" não diz respeito somente às mãos, mas também à cabeça, ao coração. Agarrar-se às suas ideias, não querer mudar de ideia, é um estado de espírito nefasto que torna infeliz. "As ideias são como camisas, é preciso trocá-las muitas vezes para conservá-las limpas".

Observemos as contrações em nosso corpo, em nossa afetividade e em nosso espírito. Onde estamos "enclausurados?" Uma expressão americana: *red necks*, "pescoços vermelhos", quer dizer que a pessoa tem muito sangue nessa parte e que a mobilidade da cabeça se encontra reduzida. É a atitude de alguém que tem uma certa concepção da realidade, que se enclausura aí e aí enclausura os outros: "É o que eu digo e nada mais!" A gente não escuta mais, a gente se fecha, a gente "se limita": estar limitado!

Na Bíblia, é o que a gente chama "ter a nuca inflexível". A Bíblia evita os termos abstratos, ela utiliza sempre expressões psicossomáticas. Ter a nuca dura, rija ou inflexível, é ter um campo de visão estreito: a pessoa vê o que tem diante de si, mas não vê nem à direita nem à esquerda; a pessoa traz viseiras.

Na via da compaixão, a possessividade, a malevolência, o espírito limitado e o espírito fixo em um certo número de concepções são venenos do espírito e venenos para o mundo.

17
Três atos positivos do espírito

17.1 A satisfação

Trata-se presentemente de desenvolver as qualidades contrárias. O que vai corresponder à possessividade é a satisfação, saber estar contente com aquilo que a gente tem. "Deseja aquilo que tu tens e terás tudo o que desejas". Desejar, gostar daquilo que a gente tem, se diz *samtosha* em sânscrito: o contentamento. Há pessoas que nunca estão contentes com aquilo que elas têm, que sempre encontram o que é melhor em outro lugar; outras estão contentes com um copo de água, com um raio de sol, com um sorriso.

Ao lado da necessidade de possuir sempre mais, de não estar nunca contente com o que a gente tem, há esta satisfação que não é autossatisfação, mas reconhecimento em relação àquilo que nos é dado. É alguma coisa que devemos desenvolver em nós: saber acolher com gratidão aquilo que nos é dado. É, então, que nos tornamos nós mesmos capazes de doar.

17.2 A benevolência

Diante da malevolência, a atitude a desenvolver é evidentemente a benevolência. Querer bem ao outro, querer o bem para o outro, estar atento, ter esse *a priori* de benevolência. "Todo o mundo me diz que aquele é desonesto, portanto, estou prevenido de como devo me comportar; mas vou desenvolver em mim um 'a priori de benevolência', isto talvez desmontará a desonestidade".

Como é que pessoas a quem nunca foi dada confiança podem elas mesmas dar-se confiança? Sentindo-se imediatamente cobradas em seu aspecto negativo, elas respondem do lugar em que vocês as olham. Se vocês prejulgam alguém como desonesto, vocês vão consolidar este alguém em seu papel de "desonestidade"; mas, se vocês o olham com lucidez – vocês não são ingênuos! –, para a parte não fraudulenta de seu ser, porque vocês sabem que nele há também outra coisa que não seja a desonestidade, vocês podem dar-lhe confiança. Deem as chaves de suas casas a um ladrão, ele não pode mais roubar... Ainda é necessário verificar!

São exemplos um pouco simplistas. Vocês bem o sabem, isto nem sempre dá certo. Dizer a seu filho: "Eu tenho confiança em ti" é arriscado, porque ele pode enganar essa confiança, mas pelo menos lhe terá sido dada. Não é fácil para os pais, porque eles "sabem" o que é preciso fazer, enquanto que o filho não o sabe: eles têm, portanto, a tendência de querer fazer em seu lugar e de não lhe dar sua chance de se enganar e de aprender por si mesmo.

A benevolência consiste em velar sobre a confiança que tenho no outro, em lançar um olhar benevolente sobre as pessoas que não são tão más como se dizem, em ver que em todo ser há uma possibilidade de bondade. Sob este olhar, o outro se sentirá reconhecido, ele se sentirá digno. Há olhares que nos coisificam, que nos reduzem, que nos tornam ercarquilhados; em outros olhares, pelo contrário, nós nos sentimos belos, nós nos "sentimos bons".

Quando vocês lançam um olhar positivo sobre alguém, vocês são criadores de bondade nele. Em nossa própria existência, ter sido olhado uma só vez por um santo ou por um *bodhisattva,* pode dar-nos de novo confiança em nós mesmos.

Enquanto que olhando uma mulher adúltera todos tinham olhos de pedra, prontos para apedrejar, o Cristo via simplesmente uma mulher que, sofrendo por não mais encontrar amor em si própria, tinha ido procurá-lo em outras partes. Enquanto que todo o mundo vê em Mateus um *collabo*, porque ele toma o dinheiro de seus irmãos para dá-lo aos ocupantes romanos, Jesus somente vê que ele se tornará seu discípulo.

É a benevolência, uma qualidade que nós devemos desenvolver em nós; se os outros não nos devem nada, por que ter medo de ser enganados na confiança que colocamos neles? Não é porque lhes é dada confiança que eles são dignos dela, eles têm o direito de enganar-nos, mas sabem que lhes foi dada confiança, que lhes foi dada esta chance com toda a lucidez.

17.3 A flexibilidade de espírito

A terceira qualidade correspondente ao espírito limitado é a flexibilidade de espírito, recusar brigar por palavras, porque ninguém coloca as mesmas coisas sob as mesmas palavras. Para alguns, Deus é uma experiência muito forte, muito íntima; para outros, não é mais do que uma palavra, e uma palavra que envenena sua existência, recordando uma pessoa tal que, em nome de Deus, as impediu de viver. Ser flexível não é parar nas palavras, mas tornar preciso para o outro qual realidade, qual existência ele coloca atrás da palavra Buda ou da palavra Deus.

Todo o mundo fala de amor, mas ninguém coloca a mesma realidade sob esta palavra, e isto exige, muitas vezes, precisões. Quando o outro nos diz que nos ama, percebemos, muitas vezes, que ele de modo nenhum nos ama da maneira que nós pensávamos ser amados; podemos ficar surpresos, decepcionados ou, pelo contrário... maravilhados!

O espírito flexível serve-se da linguagem para comunicar, mas não fecha o outro nas suas etiquetas, nas suas palavras. Dizer que algo é tal como o compreendemos, tal como o vimos, tal como o percebemos, reconhecendo os limites dessa percepção, tornar-nos-á menos limitados, menos fechados, menos fanáticos. Briga-se por palavras... A palavra "Deus" já fez correr muito sangue.

Com um espírito flexível, a gente tenta compreender o outro, o que ele quer dizer; a gente não tem razão *a priori*: "Eu te digo o que eu penso, o que sei, o que experimentei, mas não te digo que eu tenha razão! Eu te digo que também tu tens alguma coisa a ensinar-me e que eu aprendo com a tua diferença. Felizmente, tu não amas como eu, porque de outra maneira, eu não aprenderia nada; talvez tu tenhas uma outra maneira de amar que me ensinará alguma coisa, uma dimensão que me falta".

Não se fechar em suas concepções exercita não somente a abertura do coração, mas também a do espírito. Raras são as pessoas que têm o espírito aberto. Em contrapartida, certas pessoas, de quem a gente diz que têm o espírito aberto, muitas vezes não têm espírito de modo nenhum... porque elas estão prontas para crer não importa em quem, não importa em quê; isto não é abertura de espírito, isto é não ter convicções!

Ora, trata-se de ter convicções, de saber o que a gente sabe e o que não sabe. Não é porque eu amo Buda que sou menos cristão, mas não é porque estou convencido da beleza e da grandeza do cristianismo que vou desprezar o Buda. Tento colocar em prática o Evangelho tal como eu o compreendi, mas não é porque sou cristão que o Buda deixa de ser interessante; pelo contrário, acontece que budistas me ensinam alguma coisa sobre a maneira de viver o Evangelho. O amor aos inimigos é o coração do Evangelho e o coração do *bodhisattva*; é preciso aprender a amar o inimigo, a amar aquele que nos mete medo, aquele que nos faz sofrer.

Isto não agrada a todo mundo, mas eu o repito: um dos cristãos mais autênticos que encontrei, que melhor coloca em prática as palavras do Evangelho, é o Dalai-Lama. Porque, se alguém pratica esse amor aos inimigos, é exatamente ele: nunca o percebi dizendo uma única palavra negativa contra os chineses, emitindo um único julgamento contra eles. Pelo contrário, ele trabalha para a libertação de seu povo, não tem nenhuma complacência diante da injustiça. É alguém que vive plenamente sua tradição e suas convicções, mas que não está fechado ao outro, nem mesmo ao seu inimigo, e que vê o que há de positivo nele.

Ele me dizia um dia: "Felizmente, houve chineses, senão eu não estaria ocupado em vos falar. Felizmente, eles nos colocaram fora, porque senão talvez o budismo seria menos conhecido no Ocidente". Certamente, não é necessário que esse povo viva um tal sofrimento, uma tal injustiça; é intolerável, é inaceitável, e o Dalai-Lama o diz, mas sem ódio.

Como viver a compaixão no mundo da política, que é o mundo do poder do mais forte e, muitas vezes, do não respeito para com o outro? Um chefe de Estado capaz de respeitar seu inimigo, de chamar um inimigo e de vê-lo como usurpador, mas sem ódio, sem desprezo, sem violência... Isto é muito raro, inclusive entre os cristãos!

Mas não há somente budistas que sejam bons cristãos! O ensinamento da compaixão – seja qual for a tradição na qual a recebemos – faz-nos avançar na prática? Este despertar do coração e da inteligência não é propriedade dos budistas. Espero que aqueles que amam o Evangelho possam exercitar-se em viver a benevolência, a abertura de espírito, a não possessividade.

É porque a pessoa está firme naquilo que crê, verdadeiramente enraizada na sua tradição e na sua cultura, que ela pode estar aberta ao outro e reconhecer todas as belezas de sua fé. O enraizamento e a abertura reforçam-se mutuamente, são complementares.

Pergunta: Como alguém pode ser benevolente diante da grosseria e da fealdade?

É preciso colocar olhos belos sobre as coisas feias. Colocar olhos belos sobre unhas negras não vos parecerá tão repugnante. Isto não quer dizer tampouco que devais gostar disto. O Cristo diz: "Amai vossos inimigos", ele não diz: "Sede amorosos para com vossos inimigos". Não é preciso misturar tudo. Não se exige de vocês que gostem da fealdade ou daquilo que vocês consideram feio, simplesmente lhes é indicado para não acrescentar um julgamento àquilo que vocês consideram como feio, alguma coisa que o enclausure. Em vez de olhar as unhas negras desta mulher, talvez vocês teriam podido olhar seus seios ou seus olhos... A pessoa vê aquilo que olha. Nosso olhar gosta da beleza? Creio que se nosso olhar, se nosso coração gosta da beleza, em todo ser, em toda coisa encontrará beleza, isto seria apenas um pequeno grão.

18

A paciência

A via da compaixão é um caminho de paciência. A paciência não consiste somente em tolerar – no sentido de suportar – o que é pesado, não consiste em carregar caixas; ela é uma certa transparência, uma certa permeabilidade ligada à inteligência. Quanto mais desenvolvermos esta qualidade de inteligência em nós, tanto mais seremos pacientes, porque sabemos da não permanência das coisas, vemos que isto não vai durar.

"Aquele que tudo compreende tudo perdoa", diz Platão, e vejo nesta palavra um belo convite à paciência e ao perdão: se a gente compreendesse os outros, compreenderia também por qual caminho eles tiveram que passar para chegar lá, tornar-se-ia mais paciente, mais benevolente.

Mas, antes de falar de paciência, observemos nossa impaciência quando esperamos o ônibus ou um prato no restaurante... Esses exercícios práticos nos conduzem aos nossos pés! "Fique calmo!", isto quer dizer "eu me enraízo". Os outros estão aí, os outros existem, os outros resistem, o sofrimento ainda está aí e não é dizendo "não" que ele passará mais rapidamente, mas talvez dizendo "sim" àquilo que é.

Em hebraico, para dizer "ser paciente", se diz: "ter grandes narinas", o que quer dizer respirar profundamente. Ser paciente é ter uma respiração larga, uma respiração profunda. Observem a maneira como vocês respiram, quando estão impacientes; observem como a respiração de vocês se torna curta, quando estão com raiva; vocês perdem a respiração, perdem o fôlego, ficam fora de vocês. Desenvolver em si a paciência é desenvolver o expirar. Quando vocês sentem que começam a ficar zangados, que suas espáduas se levantam e que vão explodir, expirem... expirem!

Ser paciente nada tem de abstrato, isto tem alguma coisa a ver com nossa respiração, com os nossos pés. Ser paciente é voltar sobre seus próprios pés, enraizar-se, aterrissar, estar aí, não se deixar arrastar pela emoção. Após ter expirado profundamente, alguém é capaz de escutar o outro, é capaz de ser paciente.

19

A energia

A via da compaixão é uma via de cura. Para estar aberto, disponível, em uma atitude de doçura e benevolência, é necessário ser forte. A doçura é a virtude dos fortes; se fosse de outra maneira, ela seria dos fracos.

Jesus fala da doçura e da humildade de coração. Jesus é forte, Ele é capaz de empurrar as mesas dos vendedores, Ele tem energia! A doçura é uma força que não tem mais necessidade de se provar. Enquanto alguém não está seguro de sua força, quer mostrar aos outros, enquanto alguém não é seguro de sua inteligência, quer provar aos outros. Quando a pessoa está atenta à realidade, àquilo que acontece, ela sente em si esta energia, não tem necessidade de mostrá-la.

A via da compaixão exige muita energia, mas quando a gente quer vivê-la com a energia do "eu", depressa estará esgotada. Como desenvolver esta energia? É aí que intervém o retiro, a meditação, que permite recarregar-se, harmonizar-se com uma energia mais alta. "Não posso suportar essa pessoa, não é mais possível!" É preciso aceitar esse impossível e fazer apelo em nós ao maior do que nós, ao mais forte do que nós; os "fardos" que Ele nos faz carregar são "desumanos", mas há em nós uma força que se situa além do humano, que nos ultrapassa.

A energia que devemos desenvolver em nós é a Energia infinita. É necessário ter vivido junto de pessoas que vivem em situações completamente desesperadoras e ter-se perguntado como elas "resistem", para compreender que elas buscam de beber numa fonte de energia que as transcende, numa vitalidade que transborda as possibilidades ordinárias.

A via da compaixão é a via da força e da coragem. Sem energia a gente não faz nada; isto é verdadeiro nas situações profissionais ou sociais, mas igualmente num caminho espiritual. É necessário ter coragem para recomeçar a cada dia, porque nada ainda está adquirido.

20
A meditação

Na via da compaixão, a meditação é uma prática de assentar-se silencioso na qual encontramos as perfeições já desenvolvidas: o tempo, o corpo, a disciplina, o espírito; quando nos observamos e desenvolvemos em nós as qualidades positivas, teremos necessidade de muita paciência e de energia.

20.1 Tempo de meditação

Que cada um esteja na postura que lhe é mais favorável.

Para aqueles que não têm o hábito da meditação, recordo a importância de ter um bom assento, um bom fundamento. A coluna vertebral deve estar o mais correta possível, e as espáduas devem estar relaxadas.

Se há muitos pensamentos que vão e vêm, voltem para a consciência de sua respiração ou para a invocação que lhes é familiar.

Vivam esse tempo de meditação sem objetivo, sem busca de proveito, sem motivação interessada para vocês mesmos. Não é o momento de buscar o êxtase ou uma experiência de calor interior, nem de estar à procura de qualquer coisinha que os console, que os conforte... mas, não é preciso tampouco que vocês recusem nada; se deve acontecer, acontece, passará.

Vivam esse tempo de meditação não somente para vocês mesmos, mas para o bem de todos os seres.

Que esse extrato de *Shantideva* nos inspire para, em silêncio, acolhermos "aquele que é" e "aquele que chega" e invocarmos sobre todos os seres a paz e a felicidade.

> Da mesma maneira que a terra e os outros elementos servem aos múltiplos usos dos inumeráveis seres espalhados no espaço infinito, assim possa eu, de alguma maneira, ser útil aos seres que ocupam o espaço, enquanto que todos não forem libertados.
>
> Como um cego que encontra uma pérola em um montão de lixo, assim se levantou em mim, eu não sei como, este pensamento do despertar, esta elevação do coração.
>
> É um elixir nascido para abolir a morte dos mundos, um tesouro inexaurível para eliminar a miséria do mundo, um remédio incomparável para curar as doenças do mundo, uma árvore para descansar o mundo cansado de errar no caminho da vida, um ponto aberto a todo o que vem para conduzi-lo fora das vias dolorosas, uma lua espiritual que se levantou para abrandar a queimadura das paixões do mundo, um grande sol para dissipar as trevas da ignorância.
>
> Para a caravana humana que segue a rota da vida, esfaimada de felicidade, eis que está preparado o banquete em que todos poderão saciar-se novamente.
>
> Hoje, na presença de todos os santos, convido o mundo ao estado do despertar e da pacificação, e para isso estou pronto a assumir o fardo de todos os sofrimentos, estou resolvido, eu o suportarei, não me esquivarei, nem fugirei, não tremo, não tenho frêmitos de pavor, não temo, não estou com medo, nem me recuo, nem me desencorajo. Por que isso? Porque este é meu voto.

Esta prática da meditação toma o "eu" em sentido contrário em dois de seus funcionamentos mais evidentes, quer dizer, na apropriação e no medo. Quando nos é dito para não meditarmos para nós mesmos, para meditarmos sem objetivo e sem busca de proveitos pessoais, é tudo o contrário daquilo que nos é vendido por toda parte: "Meditai para vós mesmos, fazei o bem a vós mesmos [...]". Isto toma em sentido contrário o nosso hábito de nos apropriar não somente das coisas e dos seres, mas também de certos estados espirituais. Aconteça o que nos acontecer, isto não nos pertence, não é para nós, há uma espécie de "desfixação" do ego e do "eu". Tudo o que nos acontece de agradável e de bom, deixemo-lo passar, ofereçamo-lo, doemo-lo para o bem-estar de todos os seres vivos.

O segundo aspecto é talvez ainda mais difícil: "Assumo o fardo de todos os sofrimentos e estou resolvido, eu suportarei [...]". Temos medo de sofrer, e trata-se de nos livrar deste medo do sofrimento, um dos medos mais fundamentais que possamos conhecer. Nesta forma de meditação, trata-se de não ter medo da impureza, da morte; na própria meditação, quando há sofrimentos, dificuldades, perturbações, é necessário esforçar-se para deixá-los passar sem ter medo deles, porque, quando a gente recusa isto, vai reforçá-los. Tomar igualmente este sofrimento não como um sofrimento em si, ou para si, mas como uma participação do sofrimento dos seres.

Esta prática da meditação nos prepara também a um certo modo de existência, diferente das maneiras de ser habituais do ego que se apropria sem cessar, que quer guardar, que quer proteger-se, que quer defender-se do sofrimento, do desagradável. Por que defender-se dele? Acontecerá sempre! No funcionamento egoístico, o medo permanente do sofrimento pode tornar-se ansiedade, que pode tornar-se angústia, que pode tornar-se, por sua vez, loucura. Quanto mais nos opusermos a ele, tanto mais nós nos fechamos nele, mais nos tornamos "paranoicos". Temos a impressão de que tudo nos quer mal, de que tudo nos persegue e quer destruir-nos.

Dizer "sim" ao sofrimento, pelo fato de que ele existe, é pelo menos livrar-nos desta doença. Se nós somos capazes de dizer "sim" – e isto começa pelos pequenos desgostos da vida quotidiana –, curiosamente este sofrimento vai diminuir, e, com ele, o medo. Sejamos capazes de aceitar tanto o agradável quanto o desagradável. Esta prática é extremamente elevada e exige uma grande maturidade de coração e de espírito. Pretender que ela seja simples seria injusto.

Em certos estágios, são propostos números de técnicas que permitem à emoção, ao grito, aos gestos de violência reprimidos, exprimirem-se para extirpar de nossas couraças todos os pacotes de memórias alojadas em nosso corpo, memórias que nos fazem sofrer. E depois, nos reencontramos na segunda-feira de manhã sem couraça, mas não nos mantendo de pé; nós nos damos conta, então, de que são nossas couraças, nossas defesas que nos mantêm de pé. Nosso ego nos faz viver sem cessar na defensiva. Estou de acordo para arrancar a couraça, sob condição de que se tenha colocado alguma coisa no interior, uma coluna vertebral. É o inconveniente de um certo número de práticas e de terapias: trabalhamos sobre nossas defesas, mas não nos é proposta uma coluna vertebral, de tal modo que, quando saímos desse trabalho, não temos mais nada com que enfrentar o mundo.

Como esquecer que o ensinamento, do qual se trata aqui, se funda no fato de que temos em nós a natureza do despertar, que temos em nós esta energia, a presença do Vivente? Se a pessoa é budista, falar-se-á de Buda, esta capacidade de conhecimento e de compaixão que pode transformar as coisas. Se a pessoa é cristã, o despertar para a Presença do Cristo interior permitir-nos-á afrouxar nossas defesas, afrouxar o "eu". Senão, que ilusão! Se é o nosso "eu" que acolhe o sofrimento do mundo, estaremos completamente submersos, neste estado de doença grave em que nos identificamos com os acontecimentos ou com os sintomas que nos torturam o corpo, o coração ou o espírito.

Buscamos uma prática na qual, para estar nesta atitude de abertura, de não defesa, de não dualidade, de não paranoia, é necessário estar bem fundado, estabelecido na presença do "Ele", do Ser interior; saber que existe em nós esta riqueza, esta possibilidade de compaixão, uma energia que faz com que nós não tenhamos que ter medo do sofrimento, que em nós um fogo pode transformar o chumbo das provações. Nós nos tornamos, então, capazes de acolher todas as imundícies, todas as coisas desagradáveis, nocivas, nefastas, impuras; elas vão alimentar o fogo que alimentará a luz.

Esta meditação em que a gente não se apropria de nada, em que a gente não tem medo nem do sofrimento, nem da morte, nem da impureza, nem daquilo que pode desestabilizar, é possível, porque a pessoa aceita e reconhece em si uma força de transformação. A meditação repõe-nos esta energia, esta compaixão, esta claridade que não é nós mesmos, mas o Vivente em nós.

Esta vida, esta luz pode tomar para nós a forma do Buda, a encarnação de um modo de vida justa, luminosa, pacífica, sem medo. Esta vida – esta energia, este Vivente – pode tomar para nós a forma de Jesus de Nazaré, que encarna em seus atos e em seus gestos este não medo do sofrimento, que é capaz de tomar sobre si os sofrimentos do mundo, as negatividades e as escórias para transformá-los e conduzi-los para o além.

> Possa eu ser para os pobres um tesouro inexaurível, estar pronto a prestar-lhes todos os serviços que eles desejam.
>
> Todas as minhas encarnações a vir, todos os meus bens, todos os meus méritos passados, presentes, futuros, eu os abandono para que o objetivo de todos os seres seja atingido. O nirvana é o abandono de tudo, e minha alma aspira a esta libertação. Uma vez que devo abandonar tudo, melhor aproveita dá-lo aos outros.
>
> Eu entrego este corpo em benefício de todos os seres, que sem cessar eles o golpeiem, o ultrajem, o cubram

de pó. Que eles façam de meu corpo um brinquedo, um objeto de escárnio e de divertimento. Eu lhes dei meu corpo, que me importa que eles o obriguem a fazer todos os atos que lhes possam ser agradáveis, mas que eu não seja para ninguém a ocasião de qualquer dano.

Se seu coração está irritado e malevolente a meu respeito, que isto mesmo sirva para realizar os fins de todos. Que aqueles que me caluniam, me prejudicam, me escarnecem, como todos os outros, obtenham o despertar.

Possa eu ser o protetor dos abandonados, o guia daqueles que caminham e, para aqueles que desejam a outra margem, ser a barca, o banco de areia, a ponte. Que eu possa ser a lâmpada para aqueles que têm necessidade de lâmpada, leito para aqueles que têm necessidade de leito, escravo daqueles que têm necessidade de escravo, a pedra do milagre, a planta que cura, a árvore dos anseios, a vaca dos desejos.

Estes textos do Oriente, cujo eco encontramos nos escritos dos míticos cristãos, nos surpreendem. É necessário escutá-los com discernimento, porque um certo masoquismo pode introduzir-se aí. Não se trata de buscar o sofrimento, mas de estar pronto, de não ter medo. Não ter medo de tornar seu corpo, seus gestos, seu ensinamento, sua palavra, disponíveis aos outros. No fato de estarmos aí para os outros, de estarmos abertos ao outro, de estarmos disponíveis ao outro, vamos além de nosso próprio "eu" e experimentamos uma outra qualidade de ser, experimentamos em nós a presença do Ser que não nos pode ser arrebatada, que não pode ser destruída.

Posso dar meu corpo à medida que sei que há em mim alguma coisa que não pode ser destruída, quando este corpo é destruído. Lembrem-se das palavras do Evangelho: "Não temais sequer àqueles que destroem este corpo, porque há em vós alguma coisa que não pode ser destruída"; portanto, há em vocês uma luz que as trevas não podem apagar.

"Não tenho medo das trevas, não tenho medo da escuridão, porque eu sei." Ainda é preciso ter sido tocado pela certeza desta Presença em nós, Presença que nem a morte nem o sofrimento podem destruir; mas, quando tivermos atingido isto, poderemos entrar na via da compaixão.

Este voto dá uma direção e uma orientação ao coração. Saber que a pessoa não busca simplesmente seu bem-estar e que não estará verdadeiramente bem, enquanto todos não estiverem bem, isto abre alguma coisa no coração. Ter já isto em si é despertar para uma certa qualidade, uma qualidade encarnada pelo Buda e no Cristo. Os *bodhisattvas*, os santos, são seres humanos, seres que viveram no espaço e no tempo, na mesma história, que estão imersos na mesma corrente do rio; portanto, para nós também isto é possível.

Pergunta: É sempre justo tomar sobre si o sofrimento do outro? Algumas vezes, não seria melhor devolver-lhe o sofrimento? Está aí um procedimento terapêutico, acolhe-se o sofrimento, mas para devolvê-lo, para fazer trabalhar sobre este sofrimento. Qual é a atitude dos bodhisattvas com relação a isto?

Esta expressão "tomar sobre si o sofrimento" pode causar confusão, porque não se trata de tomar o sofrimento para guardá-lo, não é preciso torná-lo "meu", porque o "eu" corre o risco então de ficar submerso. "Tomar sobre si o sofrimento" talvez não seja uma boa tradução: a gente está ainda no "tomar", ao passo que não se trata de apropriar-se do sofrimento. É o problema de certos temperamentos mais ou menos patológicos ou masoquistas que "tomam" ou tiram prazer do sofrimento do outro e dele se nutrem. A compaixão não é uma patologia!

Talvez seria necessário encontrar uma outra expressão. Se esta que lhes proponho não lhes é conveniente, escolham uma outra.

Antes que dizer "tomar sobre si", eu diria "acolher através de si" o sofrimento do outro; acolher, porque o outro está aí e sofre, mas não parar em si, deixar passar através de si.

No momento em que o sofrimento passa "através de nós", isto nos faz mal ao coração, às tripas, às costas, somos tocados, e há um sofrimento real. Nós podemos, por exemplo, ter uma febre que não é nossa, sentir que a pessoa doente se "descarregou" sobre nós; uma espécie de mal-estar energético, físico, nos acompanha... mas não nos pertence. Aceitar por um momento ser "contaminado", mas deixar passar isto o mais depressa possível; esta febre, este sofrimento, este mal-estar passarão, isto não sou eu, e não faço deles o "eu".

Uma certa distância interior, um "olhar distanciado", permite diferenciar entre o ser e o sofrimento do outro, senão há "confusão", o "eu" pode "abalar-se", sobretudo se vocês tiverem que acompanhar pessoas gravemente atingidas. Toda doença, seja ela física seja psíquica, tem alguma coisa de "contagiosa" de que não é necessário ter medo; o medo é que transforma o contágio em contaminação.

O sofrimento do outro, é preciso "devolver-lhe?" É a atitude daqueles que dizem: "Caro amigo, é negócio teu! É problema teu, não posso fazer nada [...]". Em certos casos, é bom lembrar a cada um a sua responsabilidade; alguma coisa de doentio pode impedir-nos de assumirmos nossa obrigação. Em uma atitude de compaixão, nós não "devolvemos" o sofrimento à pessoa que está submersa nele, nós o dirigimos para a terra ou para as fontes da vida, acolhemos seu sofrimento e através de nós o confiamos a Deus (se para nós a Realidade Última tem este nome), aos abismos de luz, a um Amor infinito, ao Ser capaz de operar, através de nós ou além de nós, as transformações necessárias.

Acolhamo-lo, mas não o guardemos, deixemo-lo passar... Uma certa "competência" é necessária, quando não queremos tornar-nos uma "lata de lixo", quando não queremos tirar prazer dos detritos, dos sofrimentos, das memórias que se expõem crua e cuelmente diante de nós. Velar sobre o fogo em nós que transforma as imundícies. "No fim, será a Alegria que será mais forte". São Paulo diz: "Carregai os fardos uns dos outros". Carregar não é guardar nem conservar.

A imagem da esponja encontra-se em diversas tradições: "Sou como uma esponja", ela se enche do sofrimento da pessoa que se confia a mim. Quando ela está "cheia", não devo esquecer de expô-la ao vento para secar sob pena de permanecer num estado de confusão – o que é possível, porque a pessoa, muitas vezes, torna-se receptiva a um sofrimento que tem uma ligação com o nosso. Em seguida, pode vir um momento de meditação e de oferenda.

Por esta adesão à transcendência, a este abismo de paz e de luz que está em nós, nossa esponja é mergulhada no oceano da vida, no oceano do amor... De novo, ela se enche, se embebe, mas, desta vez, de água viva e de claridade. Mergulhar-se neste espaço de beatitude, de felicidade no interior de nós mesmos, experimentar que a luz e a paz existem, depois transmitir o que recebemos, "passar a esponja" sobre o rosto ferido e dar-lhe um pouco de paz, de luz... Às vezes, basta uma palavra, um gesto, ou simplesmente "estar aí, pacificado". Nossa esponja oferece sua água viva, depois, de novo disponível, ela se enche de negatividades, de angústias... Este exercício se faz no ritmo da respiração: inspirar, acolher, expirar, doar...

Quando vocês estão junto de alguém gravemente doente ou de um moribundo, após um momento de meditação que os "recarregou", entrem na sala, "apertem a esponja" docemente, alguma coisa em vocês se difunde; ser uma luz na noite que, mesmo se ela não ilumina, irradia.

A esponja é o coração de vocês, é o corpo de vocês; o espírito de vocês sem complacência e sem temor diante do sofrimento do outro. Nosso coração não é sempre uma esponja, ele é, muitas vezes, uma pedra; mas, se esse coração de pedra se torna de novo um coração de carne, ele se torna receptivo tanto ao sofrimento como à felicidade, tanto ao amor como ao medo, tanto à alegria como à angústia... Capaz de acolher tanto o pior como o melhor, ele desposa o Real.

Esta prática nos introduz na via da compaixão. Cada um se torna acolhedor aos sofrimentos do mundo e pode dar, em seguida, um pouco desta paz que ele não "possui", esta paz que ninguém pode arrebatar-lhe.

A via da compaixão não se reduz a um voto ou a um belo sonho, é uma transformação. Todo o nosso comportamento é afetado: nossa bulimia, nossa inquietude ou nossa angústia fundamental, aquela que tem necessidade de acumular objeto por carência de presença junto ao sujeito que nós somos; isto não é "mau", é um sofrimento, uma insegurança da qual a gente tem vontade de sair. É então que a gente começa a relaxar, a não mais agarrar-se, a não apropriar-se; alguma coisa se liberta em nós – a capacidade de dom –, o coração recomeça a viver. Ninguém tem o direito de dizer-nos: "Faze-o" ou "não o faças", é um movimento que vem do coração.

Num momento de nossa vida, tudo o que nós temos acumulado se torna muito pesado, e nós nos damos conta de que, querendo a todo custo possuir o outro, nós o impedimos de se doar. Quanto mais a gente lhe diz: "Ama-me", mais ele tem vontade de fugir. No dia em que cessamos de dizer-lhe "Ama-me" para dizer-lhe "Eu te amo, mas tu tens o direito de não me amar", percebemos que, uma vez que se tornou livre para exprimir seu desejo, o outro vem mais facilmente em direção a nós.

Trata-se, portanto, de sair desta atitude de espera e de exigência, de reconhecer que em nós existe esta capacidade de doar, seja qual for a nossa pobreza, nossa miséria. É a partir desta riqueza interior que a transformação pode operar-se. São Serafim de Sarov dizia: "Encontra a paz interior, e uma multidão será salva ao teu lado". A paz não é "minha" paz, mas a paz mesma do Ser. O fato de sermos nós mesmos nessa paz comunica-se a todo o meio que nos circunda.

20.2 Tempo de meditação

> Cinco minutos nos são dados para estarmos aí, simplesmente "aí", mas um "aí" imenso, sem limites, que não tem os limites de nosso próprio corpo no qual nós corremos o risco de nos fechar.
>
> O espaço que está no interior do cântaro é o que enche todo o universo. Aproximar-se desta experiência, não ter medo de estar aberto a este espaço. Nada temos a defender, nada a proteger, o que É, é.
>
> O Ser que está em nós, ninguém no-lo pode tirar, ninguém no-lo pode arrebatar; a luz, ninguém pode dela apropriar-se. Deixar isto ser, respirar esta Presença.

Abrir seus limites não é perder seus limites. Em certas patologias, o drama é o de nem mesmo sentir mais os limites de seu corpo. Se vocês tiverem de acompanhar pessoas que sofrem, dar-se-ão conta de que o problema delas vem de uma perda de limite, de identidade, de forma, e trata-se, primeiramente, de restituir-lhes sua identidade, sua forma, seu corpo.

Creio que não se trata de opor um procedimento a um outro. Abrir espaço em nós não é destruir o cântaro, não é destruir a forma, não é destruir o ego, porque é com o ego que a gente vai além do ego. O ego é a forma na qual nós estamos, o corpo no qual nós estamos, são as memórias que nos compõem; mas é necessário saber que não é tudo, não negar a forma, não se fechar na forma.

162

Esta via da compaixão tem por objetivo conduzir-nos além do ego, ela supõe uma certa maturidade. Não é um ensinamento para as crianças que têm necessidade de se formar um ego, um "eu" que se diferencie do "eu" da mãe e do meio circundante. Não há transcendência do ego, se não houve primeiramente o "eu"; nesse caso, a pessoa não está além do ego, em contemplação, mas está aquém ou ao lado do "eu", numa patologia.

O trabalho da psicoterapia consiste em devolver uma forma a alguém que não a tem mais, consiste em dar de novo importância a alguém que não sabe mais quem ele é. Estando reencontrada esta identidade, pode-se então abri-la, ir além. Em vez de se oporem, psicologia e espiritualidade deveriam trabalhar juntas, isto evitaria um certo número de erros tanto de um lado quanto de outro.

Tornar-se um ego, um ego forte, bem adaptado a um mundo doente não é ainda saúde. A espiritualidade lembra-nos que há outra coisa além deste mundo dos egos. Mas a gente só transcende aquilo que assumiu, aquilo que aceitou. Trata-se, portanto, de aceitar que nós temos um ego, uma forma; somos os filhos de nossos pais, mas podemos também ir um pouco mais longe, "dar um passo a mais".

O caminho para o "Ele" passa pelo "eu", e não faz economia; de outra maneira, este corre o grande risco de ser um "Ele que se dissolve", no qual perdemos nossos limites e nossas formas sem os transcender. De um ponto de vista prático, será uma experiência de desencarnação. Ora, trata-se primeiramente de encarnar-nos bem, de aceitar a forma na qual estamos, o peso de nossa encarnação, antes de abrir esta encarnação à transfiguração e à ressurreição.

Pergunta: A meditação é decolar ou aterrissar?

Creio que uma verdadeira meditação é as duas coisas ao mesmo tempo: é necessário aterrissar bem, e para chegar até aqui é um longo caminho. Não é difícil sair de seu corpo, sobretudo quando a gente está mal nele, aliás, a pessoa sai todas as noites com seus sonhos. Em compensação, entrar nesse corpo, voltar a ele e descer é um longo caminho. Trata-se então de aterrissar, de encarnar-se.

É também necessário saber que há outras realidades, é preciso estar aberto ao espaço, ao coração mesmo de seu corpo. Encarnar-se e abrir-se, mas não desencarnar-se, ir além de sua forma, mas não perder sua forma, ir além do ego, mas sem aceitar que, enquanto estivermos neste espaço, até ao último suspiro, seremos um "ego", um "eu", mas um "eu" mais ou menos poroso, mais ou menos doloroso, mais ou menos aberto, mais ou menos fechado e mais ou menos livre com relação a essa forma e aos elementos que a compõem.

O que me toca, quando vejo pessoas consideradas como *bodhisattva*s ou santos, é que elas têm um verdadeiro "eu", bem afirmado. Penso em alguns lamas cujo "eu" é até mesmo um pouco denso; eles têm seus tiques, sua maneira de ser, seu caráter, mas eles não são fechados, eles não são mortificados por isso, seu "eu" é aberto.

Pelo contrário, pessoas que se alimentam de grandes textos espirituais e afirmam que não é necessário ter um ego não estão verdadeiramente encarnadas, não estão verdadeiramente livres em seus atos e em suas atitudes concretas. Diz-se no Evangelho de Tomé: "Aquele que quiser ser pobre comece por ser rico"; tendo-se tornado rico, ele poderá abandonar esta riqueza, porque saberá que não será isto a sua verdadeira riqueza. Aquele que quer ir além de sua "identidade provisória" comece por aceitá-la, então ele conhecerá a felicidade de estar numa identidade relativa, ilusória e, ao mesmo tempo, aberta à Última Realidade.

"Estar no coração da forma, aberto ao sem-forma" é também a grande mensagem do *sûtra* do coração, *Prajñârapâramita*: "a forma e o sem-forma, o finito e o infinito, o criado e o incriado", chega um momento em que é Um, momento em que um não se opõe ao outro.

Da mesma maneira, em nível de nossas experiências interiores, talvez tendo de renunciar completamente à consolação, seja necessário aceitar aquela consolação trazida pela meditação e pela oração. Teresa de Lisieux, que é uma grande *bodhisattva*, disse um dia em sua oração: "Senhor, quero mais consolação, bastante bala de cevada, muitas doçuras. Tudo o que recebo, todas as consolações, eu as dou a ti para o bem de todos, para a salvação de todos". Ela foi atendida em sua oração; vocês sabem em que aridez e em que noite ela viveu nos últimos anos de sua vida, sem qualquer consolação. Isto era possível, porque ela tinha primeiramente aceitado as consolações.

Isto me lembra uma pequena história que se passou na Grande Cartuxa. O mestre dos noviços dizia-me: "Tu te deleitas muito nas consolações, nós não estamos aqui para ter consolações, aqui nós recusamos até mesmo as consolações". Na época, eu era obediente e pedi então na minha oração: "Nada de consolação". O problema é que houve muito mais consolação! Eu não estava ainda pronto para a "noite do espírito" e para a aridez do deserto interior!

No dia em que a pessoa renuncia às consolações, em que não quer mais experiências "sutis", chega mais consolação. Depois, vem o momento em que tudo nos é realmente arrebatado. No dia em que a pessoa renuncia à felicidade para si, em que quer ser feliz para os outros, recebe uma felicidade maior. É o que ensina o Dalai-Lama: "Todos os sofrimentos sem exceção vêm do desejo de felicidade para si mesmo, enquanto que a perfeita 'budidade' nasce do desejo de tornar os outros felizes; é por isso que trocar completamente sua felicidade pela dos outros é uma prática dos *bodhisattvas*".

Para renunciar à sua felicidade, é necessário primeiramente tê-la experimentado, mas sem apegar-se a ela, sem fechar-se nela ou sem agarrar-se a ela. Nesta oferenda de sua felicidade para o bem-estar dos outros, desperta-se para uma outra qualidade de felicidade, menos "úmida", mais "seca", menos em nível dos sentidos, numa sensibilidade mais interior, nas profundezas onde existe uma paz talvez mais ampla do que aquela que a gente tinha conhecido primeiramente.

A vida dos santos fornecer-nos-ia muitos exemplos, tanto no budismo quanto no cristianismo. Meu objetivo não é dar exemplos maravilhosos, mas insistir no trabalho a fazer para realizar isto. Não sou um hortelão, sou um quincalheiro; isto quer dizer que eu não vendo belas frutas saborosas que podem alimentar-nos e saciar-nos durante um instante, mas vendo instrumentos para cultivar o jardim de vocês. Há falta de hortelãos, há falta de quincalheiros.

Se eu insisto no ensinamento, nas coisas concretas a fazer no quotidiano, é para que nós possamos finalmente experimentar os frutos de nosso pomar. Para nada nos serve sonhar com Teresa de Ávila, com Teresa de Lisieux, com esses seres maravilhosos e fantásticos. Isto somente pode dar-nos a nostalgia e até mesmo um certo desespero em ver o quanto nós estamos longe daquilo que eles alcançaram, o quanto nós amamos pouco ou mal.

Podemos comprar frutas que alimentam provisoriamente nossa fome, mas podemos também adquirir instrumentos, práticas a realizar em nível de nossa sexualidade, de nosso apego, de nossa possessividade, em nível daquilo que há nos nossos armários, verificar que nossa porta pode abrir-se, ter consciência do dom concreto que podemos fazer, da influência que podemos ter sobre nossas palavras a fim de evitar todos os danos já evocados.

"Àquele que tem fome, dai-lhe um peixe, e ele terá o que comer por um dia; dai-lhe uma vara de pescar, e ele terá o que comer todos os dias de sua vida." Estamos aqui para fabricar para nós uma vara de pescar, mas não é porque nós temos uma vara de pescar que vamos ao rio. Podemos deixá-la no armário, mas é necessário ir à pesca! Tudo o que lhes digo só é útil à medida que vocês o verificam, vivendo-o.

Para chegar a um estado de compaixão, de dom de si, a um despertar do coração, são tempos infinitamente preciosos os tempos de meditação, durante os quais nós temos a ocasião de estimular a paciência, a disciplina, o dom e a energia. A energia na meditação vai conduzir-nos à sexta perfeição: o conhecimento transcendente ou sabedoria *prajñāpāramita*.

21
A sabedoria

Este conhecimento transcendente é uma experiência direta, não confusa, da realidade, a experiência imediata do espírito em contato com a realidade; isto não tem nada a ver com um esoterismo ou estado de consciência particular, é uma clareza do coração e do espírito. Nossos atos nunca são justos, porque não temos a visão justa daquilo que é.

O tempo de meditação vai preparar-nos a ter uma visão mais justa. Quando nós saímos de uma verdadeira meditação, quando não é um momento em que se cria um "pequeno mundo interior", nós estamos mais ancorados na realidade, e esta Realidade, que nos perpassa, que está em nós e é infinitamente mais do que nós, nos dá uma visão diferente das coisas. Ver as coisas agradáveis ou desagradáveis com um espírito meditativo é vê-los com paciência, com energia, benevolência: o conhecimento transcendente, a sabedoria está aí "tão simplesmente [...]".

Quando praticamos esses diferentes exercícios, desenvolve-se em nós uma sabedoria, uma qualidade de adesão, de adequação àquilo que é; nesta "aderência" àquilo que é, a compaixão verdadeira vai poder manifestar-se.

Eis uma prática tibetana em que cada um poderá inspirar-se com toda a liberdade:

Pensai, meditai assim: eu acolho todas as negatividades, não tenho medo de nenhuma delas e me alegro com elas.

Pensai: eu distribuo todos os meus atos positivos, minha felicidade do passado, do presente e do futuro, o uso de minhas faculdades corporais, minhas posses, a todos os seres. Considerai que cada um dentre eles recebe este benefício e cultivai uma grande alegria com o pensamento de que eles o têm recebido verdadeiramente.

Para tornar mais viva esta transferência mental, quando inspirais, imaginai que uma massa enegrecida, que corresponde a todos os véus, aos atos prejudiciais e sofrimentos dos seres, penetra em vós pelas narinas e se estabelece em vosso coração, pensai que assim todos os seres estão para sempre livres de suas negatividades e de seus tormentos.

Mas, quando vós expirais: imaginai que todas as vossas felicidades e todas as vossas virtudes se inclinam sob a forma de uma luz branca que sai de vossas narinas e que penetra todos os seres, e ficai felizes em pensar que eles todos têm acesso rapidamente ao estado do despertar.

Habituai-vos a esta meditação, fazendo deste encargo, da distribuição apoiada na respiração, a parte principal de vossa sessão meditativa.

Fora destes momentos de meditação, lembrai-vos disso com cuidado e colocai-o em prática.

Isto é realmente o essencial da aprendizagem espiritual assim como a disse e repetiu Shantideva: "Se eu não troco totalmente meu bem-estar com o sofrimento do outro, não realizarei o estado do despertar, e neste ciclo das existências não haverá felicidade".

Acolho com alegria toda negatividade, todo sofrimento, todo fedor, como uma luz negra que eu inspiro, que eu deixo descer sobre mim e, ao expirar, eu dou a luz branca, os anseios de felicidade e de paz para com todos aqueles que me fazem sofrer ou que me fizeram sofrer; eu lhes desejo o despertar, a simplicidade, a paz.

"Não é o que entra no homem que torna o homem impuro, mas o que sai do homem é que o torna impuro." No contexto do Evangelho, Jesus dirige-se àqueles que dizem que é necessário desconfiar de tal ou tal pessoa, de comer de tal ou tal alimento... Jesus diz que não são os outros que são impuros, mas o que sai de nossa boca, as palavras, as famosas palavras nefastas ou negativas; eis o que nos suja e envenena o mundo.

É-nos dito nesta prática: "Nada temais, não há nada a temer", e isto vai no sentido contrário do mecanismo habitual do ego; à medida que a pessoa está nesta atitude de desconfiança própria ao ego, está contaminada, está na dualidade, no medo.

Trata-se doravante de não ter medo de nada, de acolher tudo, até mesmo o mais negativo, não para guardá-lo, mas para deixar passar através de nós. É uma prática muito evangélica, como a dos *bodhisattvas*! Mas ela não é fácil para nós! Para nós, o outro é perigoso, culpável, ao passo que nada é perigoso ou sujo; tudo depende daquilo que vai sair de nossa boca, tudo depende do olhar que lançarmos sobre o real, tudo depende da pureza ou da impureza de nosso coração para que venham a luz e o amor; isto supõe que o sofrimento tenha sido transformado.

Nessa atitude nada é mórbido: "Permanecei na alegria!" Está bem precisado. "Tomar o sofrimento dos outros" nada tem de triste. Em certas representações do Cristo sofredor, aparece a dimensão do sofrimento, mas não a dimensão do amor que transforma o sofrimento. Não é o sofrimento de Cristo que nos salva, é o amor através do qual ele vai transformar esse sofrimento! Há poucas representações do Cristo sorridente sobre a cruz, no entanto existem (o Cristo da abadia da Ilha de Lérins e o do Mosteiro Notre-Dame de Beaufort, na Bretanha).

Quando a pessoa lê no Evangelho de João: "Minha vida ninguém me arrebata, sou eu quem a dou", ela sente, no entanto, a atitude soberana de alguém que não se submete aos acontecimentos. Ele não é "objeto" do sofrimento e dos acontecimentos, ele permanece sendo o Sujeito daquilo que acontece.

Pergunta: Se o Buda é um ser a quem a felicidade e mesmo o despertar não interessam enquanto houver no mundo outros homens que sofrem, não é para sempre um ser desesperado, visto que haverá sempre seres infelizes e seres maus? O Buda é também triste, como o Cristo?

Entendo sua pergunta; vejo, sobretudo, imagens. Se você coloca esta pergunta, é porque tem em você certas imagens do Cristo, como o Cristo de Perpignan, ou ainda o Cristo que fez com que Dostoievski perdesse a fé – o Cristo morto, cadáver, exposto no Museu de Bâle – em que não aparecia senão o lado humano, o lado sem esperança, o lado sem saída da paixão vivida pelo Cristo.

Quando se fala hoje de sofrimento, de "tomar sobre si o sofrimento", é preciso desconfiar do dolorismo e do masoquismo. O sofrimento não é bom, e, se a pessoa o acolhe, se não tem medo dele, é para transformá-lo, para colocar em seu lugar a alegria e a paz, porque há em nós um amor capaz de transformá-lo.

Jean Guitton citava-me um dia Louis-Marie Grignion de Montfort que, baseando-se em uma de suas experiências, afirmava que o Cristo na cruz estava no cúmulo da alegria. Isto me chocou muito, era para mim muito difícil para entender.

Quando alguém não sofre para si mesmo, mas para os outros, por amor aos outros, é um outro sofrimento, um sofrimento que não está desnudado de alegria. É paradoxal e difícil explicar isto com palavras, mas lembremo-nos, com nossa pequena experiência, desses momentos em que sentimos dor ou sofremos, mas para alguém que nós amávamos; de algum modo, esse amor era maior do que o sofrimento e o transformava.

Nossas representações do Cristo não mostram isto suficientemente; o mais das vezes, elas o mostram sofrendo, ao passo que o Buda tem um sorriso sereno, o que permite que alguns digam: "Olhem, o budismo é uma religião de paz, de serenidade e de alegria; o cristianismo, ao invés, é uma religião de dor, que cultiva o sofrimento".

Ora, o cristianismo não cultiva certamente o sofrimento! O Cristo cuidava dos doentes e os curava, ele tomava sobre si o sofrimento do mundo, mas para sua libertação, pela alquimia da compaixão.

Algumas imagens devem ser corrigidas.

Há bastante sofrimento no mundo, é inútil acrescentar-lhe o nosso; querer o bem-estar de todos os seres vivos, libertá-los de sua infelicidade, de seu sofrimento, é ser feliz. É necessário começar por aí.

Há um dever de ser feliz, mas esta felicidade não deve ser uma pequena felicidade fechada, cerrada sobre si mesma. Que vale essa felicidade em que a pessoa é feliz, enquanto que os outros sofrem? Isto não é felicidade, é autossuficiência, ignorância. Como ser feliz, sabendo que os outros sofrem? Esta é a verdadeira questão.

Não se trata de renunciar a ser feliz, uma vez que esse é o maior serviço que alguém pode prestar à humanidade. Se alguém é feliz, há pelo menos um lugar onde há felicidade, mas esta felicidade deve crescer sem cessar e ela cresce gradativamente à medida que os outros são um pouco mais felizes.

Se na sua vida vocês fizeram feliz uma única pessoa, não perderam seu tempo; se vocês fizeram feliz um cão, isto valeu a pena; ou esta planta que floresceu num dia de primavera e da qual tiveram a impressão de que ela lhes respondia. Creio que nossa vida é perdida, se esse dom em nós não pôde ser comunicado. Se ninguém quer deste dom que está em vocês, ofereçam-no a todos os seres, ofereçam-no à vida, ao vento! O vento o levará em direção daqueles que têm mais necessidade dele!

Acolher o sofrimento do mundo sem dizer "não", sem medo, sem desconfiança, supõe uma grande qualidade de coração, uma grande maturidade, e isto não é trabalho para as crianças. As crianças têm necessidade de ser amadas e de receber. Nós estamos aí num trabalho de adultos; infelizmente, muitos adultos são ainda crianças que "demandam" ou exigem.

Nesta prática, nossa preocupação não é a de receber, a de ter mais, a de jamais estar contente! Pelo contrário, é necessário dizer-nos que já passamos da idade de exigir, de reclamar: "Eu não tenho mais que mamar em minha mãe, não tenho mais que mamar nos outros, mas talvez eu possa doar algo de meu coração, algo de meu ser. É o momento de doar! Eu doo e acolho aqueles que podem ter necessidade".

Isto não é nem uma atitude mórbida nem uma atitude dolorista. "Acolhei na alegria o sofrimento", foi dito no texto. Quando Madre Teresa estava válida, perto dos moribundos, ela não choramingava, ela não se queixava, ela agia, e o maior presente que ela podia dar era seu sorriso, sua atenção.

Se vocês querem cuidar de um doente, é necessário primeiramente cuidar de vocês mesmos, estar em boa saúde, porque tornar-se doente com o outro não muda nada. Não se trata de tornar-se infeliz com os outros, mas de aceitar, de acolher sua infelicidade em nossa felicidade a fim de poder transformá-la; senão, corre-se o risco de caricaturar e de deformar a imagem do Cristo e a do Buda.

Por que imaginar um Cristo dolorista, submerso pela dor, ao passo que é alguém cujos braços e cujo coração estão abertos? É todo o simbolismo da cruz, a total abertura de um ser que não se preserva, porque há nele esse fogo que pode transformar todas as coisas. Ele é a sarça ardente coroada de espinhos, que por Ele se tornarão também "línguas de fogo": pentecostes. Ele encarna uma *coincidentia oppositorum* – uma coincidência de contrários, isto é, da felicidade e do sofrimento.

O sorriso de Buda não é o sorriso do indiferente ou do beato, ele não zomba do sofrimento, ele sorri para a serenidade que o transforma.

Charles de Foucauld dizia: "Não posso impedir-me de ser feliz, porque sei que Deus é Deus, que Deus é amor, que o fundo do ser é doce, o fundo do ser é bom, tive experiência disso! [...]. Mas, ao mesmo tempo, não posso impedir-me de sofrer, porque vejo que o amor não é reconhecido". São Francisco de Assis é um dos santos mais radiantes de alegria, de espontaneidade que se possa encontrar no cristianismo, e, ao mesmo tempo, um dos mais dolorosos. Ele chora, diz ele, porque "o amor não é amado".

Creio que este é um ser habitado pela compaixão; alguém que não pode estar triste, que não pode estar infeliz, porque sabe que "o Ser é o que é", que o amor é o amor, que a vida é a Vida e que ela terá a última palavra a ser dita ao coração de todos os nossos mortos. Ele o experimenta e, ao mesmo tempo, sabe que o amor não é amado, que a vida não é amada, mas ele age para que haja um pouco menos de sofrimento.

Se vocês querem fazer um ato concreto para que haja um pouco menos de sofrimento no mundo, comecem por ser felizes, não sejam infelizes da infelicidade dos outros. Não é fácil falar disso, a gente toma esses textos de uma maneira bastante física. Evidentemente, isto faz medo, a gente diz: "Minha pequena felicidade, vou perdê-la, já sofri tanto para ser feliz; que vai restar-me, se eu me abro ao sofrimento dos outros?" Observem! Verifiquem! É exatamente o contrário que se passa.

Quanto mais alguém se preserva, quanto mais preserva sua "pequena felicidade", tanto mais ele se encolhe. É preciso ter confiança na vida: ela pode certamente arrancar-nos essa pequena felicidade à qual nos prendemos desta maneira, mas não a essência da alegria e da paz, porque é nosso próprio Ser. Nós vemos então nossas pequenas felicidades tornarem-se grandes, não simplesmente para nós, mas também para os outros.

Voltemos à prática. Falei-lhes da prática de *Tonglen*. *Tonglen* quer dizer literalmente "troca", *Tong* significa doar, e *len* significa tomar, aceitar, acolher. Esta prática tem por finalidade transformar nossa atitude interior, e ela começa no quotidiano: estar numa atitude de benevolência em que a gente considera o outro como um hóspede, não como uma ameaça, não como um inimigo. O inimigo é aquilo que é diferente, que não pensa como nós, que não ama como nós, não é sempre aquele que nos deseja o mal.

Esta abertura, este dom, esta acolhida querem ser o fundamento da compaixão e do amor autêntico na troca do "eu" para o outro. Num primeiro nível, esta troca consiste em colocar-se no lugar do outro. É um exercício que a gente encontra na *gestalt*; exige-se de vocês, por exemplo, durante alguns instantes, que se assentem sobre uma almofada ou uma cadeira do outro e que se coloquem na situação do outro, esse outro que lhes causa medo, ou que os inquieta, um personagem do passado, e alguém lhes diz: "Agora, vocês são o tio de vocês; tentem colocar-se em seu lugar e ver o que o conduziu a realizar esse ato tal".

Colocar-se no lugar do outro é um exercício que consiste em sair de si, de seu ponto de vista, é ver o outro com seu próprio olhar. Se vocês tiverem dificuldade com uma pessoa, digam simplesmente: "Agora, vou colocar-me em seu lugar". Comecem por tomar suas atitudes, seu tom de voz, porque, em seu tom de voz, vocês vão encontrar alguma coisa de suas emoções, de seus sentimentos, vocês irão compreendê-la a partir do interior.

Tonglen é aceitar o outro, colocar-se em seu lugar. Esta caminhada é o princípio da saída de nosso *a priori*. Estamos sempre no nível psíquico, isto nos permite começar a ultrapassar nossos comportamentos agressivos, a compreender o outro, sua motivação, sua atitude, sua perspectiva, isto nos dá uma compreensão mais ampla, mais inteligente da situação. É o ponto de partida da compaixão.

Em um nível mais radical, colocar-se no lugar do outro significa colocar seu "eu" no lugar do outro e o "eu" do outro em lugar de seu próprio "eu", quer dizer, inverter a atitude egocêntrica habitual. O egocentrismo consiste em colocar o "eu" no meio, no centro. Trata-se de substituir a atitude egocêntrica por uma atitude alocêntrica, na qual o outro se torna o centro.

Colocar-se no lugar do outro permite perceber a situação de maneira mais larga, mais realista com a perspectiva do adversário, o que pode ser muito útil. Colocar-se no lugar do outro permite responder de uma maneira não egoística, não centrada no "eu". A pessoa não vai procurar ter razão a todo custo, ser a mais forte, a mais bela, a maior; não vai, portanto, manter o conflito, a separação entre o "eu" e o outro.

Pouco a pouco, a gente se aproxima da não dualidade, da experiência da unidade, que não é uma experiência de indiferenciação, porque então a pessoa estará na psicose (o psicótico não faz a diferença entre o "eu" e o outro). Esta prática supõe uma diferenciação, isto é, que cada um seja bem ele mesmo, mas não fechado em si mesmo; trata-se de ter-se tornado "si mesmo", senão corre o risco de uma regressão na indiferenciação.

Quando a gente avança mais, entra verdadeiramente numa prática espiritual. Fala-se de "troca dos méritos": "Tudo o que adquiri de méritos na minha vida passada, na minha vida presente, tudo o que fiz de bom eu dou para o outro".

Isto se praticava no acompanhamento dos moribundos, para a salvação e libertação do outro. É o momento em que a pessoa oferece ao outro todos os seus atos bons, todo o bom *karma*, todas as boas energias que a pessoa acumulou, não as guarda para si; então, alguma coisa pode passar-se, é o que se chama a transferência de consciência, ou a transferência de energia, que consiste em doar para o outro aquilo que a gente tem de melhor.

É uma prática que se encontra nos *bodhisattvas* cristãos como Teresa de Lisieux, Teresa de Ávila, São João da Cruz. Num momento, tudo aquilo que eles podem adquirir por sua ascese e por suas orações eles o dão para os outros. "Senhor, esta alegria que me dás, dá a um outro". Renunciando a essa alegria, eles, muitas vezes, se abrem a uma alegria mais fina, a uma alegria mais alta. A renúncia à alegria dá a alegria: isto parece, sem dúvida, paradoxal, isto não se explica, isto se verifica! Desconfiem assim mesmo da armadilha: "Renunciei à alegria para estar mais alegre!" Isto não vai: se vocês renunciam à alegria por uma alegria maior, é muito interesseiro, é a armadilha do ego, e é difícil sair dela.

"O despertado diz o que é necessário, quando é necessário, sem saber que ele sabe." Da mesma maneira, poder-se-ia dizer que o *bodhisattva* ama como é necessário, quando é necessário, mas sem retorno sobre si, num estado de inocência.

Vocês conhecem a parábola do fariseu e do publicano. Na frente, o fariseu diz: "Eu, eu [...]", e o publicano, lá atrás: "Vem em meu socorro". Muitos cristãos que conhecem esta passagem vão se colocar no fundo para que a gente veja bem que estão no último lugar! O ego é um macaco muito malicioso que recupera tudo, inclusive as atividades mais espirituais, para inchar-se, para fortificar-se.

"Vede como eu sofro [...]". Vocês percebem a patologia! E estas pessoas se apresentam, muitas vezes, como místicas! "Eu sofro e estou no sofrimento, não sou eu que sinto dores, é este homem que está de tal modo apodrecido e que a vida me impôs, eu sofro porque [...]. Você tem as últimas notícias? Viu essa emissão da televisão sobre os Kurdos? Não é possível [...]. Olhe como eu sofro, olhe como sou generoso!"

Aí há alguma coisa de injusto, porque não é o sofrimento de vocês que mudará o que se passa no Kurdistão! Isto só faz aumentar sofrimento ao sofrimento, e há muito disso.

Melhor seria fazer um gesto concreto, um gesto material ou um gesto que tenha consequências reais... Talvez o primeiro gesto seja um pouco de paz, um pouco de felicidade não fechada sobre si mesma. Volta-se sempre à "atitude justa", ajustada.

Esta prática consiste em renunciar ao paraíso, à felicidade, à alegria somente para si, mas nesta renúncia há o despertar para uma outra qualidade que é a alegria, a paz, a felicidade não egocêntrica. Ficamos impressionados de ver pessoas verdadeiramente no sofrimento e a dificuldade que tomam sobre elas, as dificuldades do outro, e que não estão nem desesperadas nem aniquiladas. Sente-se bem que uma força não humana opera nelas.

Olhem pessoas como Abbé Pierre ou Madre Teresa, para tomar exemplos contemporâneos, não para idolatrá-los, mas simplesmente para reconhecer que elas fazem realmente alguma coisa, que elas enfrentam realmente o sofrimento de maneira não emotiva.

Madre Teresa não é uma emotiva nem uma sentimental, mas é necessário ver como ela toma os bebês, com esta força do amor sem complacência. Ela não tem esta atitude que encontramos muito em nós, atitude que consiste em emocionar-nos diante de todas as crianças infelizes... E depois? A gente derramou uma lágrima, tranquilizou a consciência, mas não há menos sofrimento no mundo; há o nosso sofrimento a mais, e envenenamos nossa família, nossa vizinhança, porque nos culpamos de que não somos felizes.

"Como? Vocês querem uísque? Vocês pensam em todos os que tem fome [...] e bebem mais álcool!" Conhecem-se pessoas que pensam que o fato de ser rabugento, de envenenar a vida de todo o mundo é ser um *bodhisattva*! Vivi com pessoas que eu considero como *bodhisattvas*, mas nunca encontrei nelas esta atitude, pelo contrário: "Se você ainda está aí, meu caro amigo, e se tem necessidade de um uísque, beba-o! Depois, talvez, você poderá ocupar-se com seu próximo [...] não fique aí fechado e veja que uma vez cessada sua fadiga, a gente poderá fazer uma outra coisa". Faz parte do bom-senso: coisas da vida quotidiana em que se podem misturar energias espirituais.

Aceitar a felicidade, recebê-la, acolhê-la, mas como uma felicidade que não é enclausurada, que não é fechada, ficar vulnerável ao sofrimento do outro e saber que a gente nunca será completamente feliz enquanto que um só ser estiver sofrendo. Isto não é uma verdade triste, isto vai livrar-nos da angústia de querer ser feliz a todo custo e, nesse momento preciso, nós nos tornamos disponíveis para as energias mais saborosas.

Nesta prática, nós estamos no coração mesmo do "amor aos inimigos": amar o que a gente não ama, amar o que não é agradável. Os exegetas afirmam que é impossível saber se o Cristo disse verdadeiramente todas as palavras que lhe são atribuídas ou se se trata de interpretação dos evangelistas, mas há pelo menos uma palavra de que a gente está mais ou menos seguro que seja dele: "Amai vossos inimigos".

É verdadeiramente novo, não é natural, não é humano amar seus inimigos. Quando perguntei a um monge do Monte Athos: "Como estar seguro de que estou na presença do Espírito Santo, de que é o Cristo que vive em mim e de que não sou eu que me conto histórias?", ele me respondeu: "Tu somente podes estar seguro, quando tu amas teus inimigos! Não quando tens êxtases, não quando sentes subir na tua coluna vertebral um calor completamente espantoso ou quando sentes que raios de luz te transpassam; aí, não é obrigatoriamente o Espírito Santo, isso pode ser 'energético' ou 'cósmico'. Mas, quando tu amas teus inimigos, tu podes estar seguro de que o Cristo vive em ti!"

Amar nossos amigos é normal, natural, mas nossos inimigos! Isto nada tem de natural, isto quer dizer que nós participamos de uma qualidade de ser e de amor maior do que nós.

Quando a pessoa tem que lutar com o sofrimento, trata-se de tomar sobre si algo de mau, de negativo, não se trata de cultivar, mas de transformar. O sofrimento é algo de mau, mas pode tornar-se algo de bom, se a gente faz algo de bom, se a gente faz dele uma ocasião de crescer e de evoluir.

Há um dever de ser feliz, não somente para nós mesmos, mas para os outros. Se vocês querem o bem da humanidade, devem ser mais felizes ou menos infelizes. Comecemos pelo começo: um pouco menos infelizes, um pouco menos tristes, um pouco menos negativos, um pouco menos malevolentes; depois, quando formos um pouco mais felizes, um pouco desta felicidade vai comunicar-se ao mundo. Não creio que um ser infeliz possa tornar os outros felizes.

Se nós queremos efetivamente a felicidade de todos os seres, é necessário aceitar a felicidade em si e saber que a felicidade não é nossa, visto que é a felicidade mesma da vida, do Vivente. Nós experimentaremos plenamente esta felicidade, quando ela for partilhada pelo maior número, e ela só será total, quando for partilhada por todos.

Podemos desejar uns aos outros que sejamos felizes.

Pensem nos *bodhisattvas*, se vocês são budistas. Se vocês são cristãos, pensem em Cristo, aquele que vem não para ser servido, mas para servir na alegria, na paz e no dom. Para ele, isto não são palavras, são atos, e atos que vão até ao fim, até à morte. Sua morte, ela mesma, é dada, e dessa morte nasce a ressurreição.

Há algo maior do que a morte. A morte, a asneira, o sofrimento, não terão a última palavra...

O Cristo ressuscitou!

Entre nós: nada...

Estados Unidos, 9 de novembro de 1979.

Éramos uns vinte professores ao redor de Huston Smith para acolher o Dalai-Lama que havíamos convidado à nossa Universidade, a única que ele visitou por ocasião de sua primeira estada no Estado de Nova York.

Após as palavras e as cerimônias de costume, nós nos saudamos alegremente, de repente não houve mais títulos, papéis, funções.

Entre nós: Nada...
Do espaço
Para todos os seres, para todos sem exceção.
Mesmo o rato tinha direito a seu banho de clara luz.
...
Eu via o mundo propriamente.
Sua Santidade sorria para os computadores.
...
Não tenhais medo de nada,
Senão o de vos tomar por alguma coisa;
Nem mesmo tenhais medo disto,
É um seixo redondo
Que dá rugas ao rio,
Mas não o impede de correr.
...
Entre nós
Que este Nada permaneça
E permanecerá possível o Reencontro.

COLEÇÃO **Unipaz** – COLÉGIO INTERNACIONAL DOS TERAPEUTAS

- *Cuidar do Ser*
- *Caminhos da realização*
- *Terapeutas do deserto*
- *O Evangelho de Tomé*
- *O corpo e seus símbolos*
- *O Evangelho de Maria*
- *A arte de morrer*
- *O Evangelho de João*
- *Carência e plenitude*
- *Sinais de esperança*
- *Além da luz e da sombra*
- *Enraizamento e abertura*
- *Viver com sentido*
- *Escritos sobre o hesicasmo*
- *Livro das bem-aventuranças e do Pai-nosso*
- *O Evangelho de Felipe*
- *O essencial no amor*
- *Judas e Jesus: duas faces de uma única revelação*
- *Jesus e Maria Madalena: para os puros, tudo é puro*
- *Uma arte de cuidar: estilo alexandrino*
- *Pedagogia iniciática: uma escola de liderança*
- *O homem holístico: a unidade mente-natureza*
- *Normose – A patologia da normalidade*
- *Dimensões do cuidar – Uma visão integral*
- *A revolução da consciência – Novas descobertas sobre a mente no século XXI*
- *A montanha no oceano – Meditação e compaixão no budismo e no cristianismo*

CULTURAL

Administração
Antropologia
Biografias
Comunicação
Dinâmicas e Jogos
Ecologia e Meio Ambiente
Educação e Pedagogia
Filosofia
História
Letras e Literatura
Obras de referência
Política
Psicologia
Saúde e Nutrição
Serviço Social e Trabalho
Sociologia

CATEQUÉTICO PASTORAL

Catequese
  Geral
  Crisma
  Primeira Eucaristia

  Pastoral
    Geral
    Sacramental
    Familiar
    Social
    Ensino Religioso Escolar

TEOLÓGICO ESPIRITUAL

Biografias
Devocionários
Espiritualidade e Mística
Espiritualidade Mariana
Franciscanismo
Autoconhecimento
Liturgia
Obras de referência
Sagrada Escritura e Livros Apócrifos

Teologia
  Bíblica
  Histórica
  Prática
  Sistemática

VOZES NOBILIS

Uma linha editorial especial, com importantes autores, alto valor agregado e qualidade superior.

REVISTAS

Concilium
Estudos Bíblicos
Grande Sinal
REB (Revista Eclesiástica Brasileira)

VOZES DE BOLSO

Obras clássicas de Ciências Humanas em formato de bolso.

PRODUTOS SAZONAIS

Folhinha do Sagrado Coração de Jesus
Calendário de mesa do Sagrado Coração de Jesus
Agenda do Sagrado Coração de Jesus
Almanaque Santo Antônio
Agendinha
Diário Vozes
Meditações para o dia a dia
Encontro diário com Deus
Guia Litúrgico

CADASTRE-SE
www.vozes.com.br

EDITORA VOZES LTDA.
Rua Frei Luís, 100 – Centro – Cep 25689-900 – Petrópolis, RJ
Tel.: (24) 2233-9000 – Fax: (24) 2231-4676 – E-mail: vendas@vozes.com.br

UNIDADES NO BRASIL: Belo Horizonte, MG – Brasília, DF – Campinas, SP – Cuiabá, MT
Curitiba, PR – Fortaleza, CE – Goiânia, GO – Juiz de Fora, MG
Manaus, AM – Petrópolis, RJ – Porto Alegre, RS – Recife, PE – Rio de Janeiro, RJ
Salvador, BA – São Paulo, SP